La Iniquidad

Ana Mendez Ferrell

E&A
International

E & A INTERNATIONAL

LA INIQUIDAD
© Ana Méndez Ferrell

Primera Edición - Cinco Impresión

Diseño de Portada:
Rubén Mariaca Asport
rubenmariaca@yahoo.com

Diagramación:
*osprey*design
www.ospreydesign.com

Todas las referencias bíblicas has sido extraídas de la traducción Reina Valera, revision 1960

Impresión: Impreso en Entados Unidos por United Graphics, Inc

Categoría: Liberación

Publicado por: E & A INTERNATIONAL
PO Box 3418
Ponte Vedra, Florida 32004 USA
www.voiceofthelight.com

ISBN: 1-933163-04-6

Dedicatoria

Dedico este libro a mi amado Padre celestial, a Jesucristo mi redentor y al Espíritu Santo. Y a mis amadas hermanas, mi gemela Mercedes Méndez y Cecilia Pezet junto con mis sobrinos Santiago y Pablo.

Índice

Introducción.........*viii*

Capítulo Uno: ¿Que Es La Iniquidad?.........*1*

Capítulo Dos: El Conflicto Entre
Las Dos Simientes.........*21*

Capítulo Tres: La Justificación Verídica,
Nos Libra De Iniquidad.........*33*

Capítulo Cuatro: La Operacion Y La
Manifestacion De La Iniquidad.........*61*

Capítulo Cinco: El Poder De Atracción De
Las Fuerzas Espirituales.........*101*

Conclusiónes.........*109*

Oración Final.........*119*

Introducción

Una gran inquietud ha cargado mi alma, el ver a miles y cientos de miles de cristianos sufriendo dolores intensos, desiertos que no nunca terminan, enfermedades de las que no pueden salir y maldiciones que no pueden ser revocadas.

Esto me llevo a buscar intensamente el rostro de Dios, para encontrar una solución que pudiera satisfacer tantas preguntas que parecía que no tenían una respuesta.

Durante muchos años Dios me ha levantado como pionera en varias áreas, una de ellas, la guerra espiritual a nivel de liberación personal, así como en el nivel territorial. El incurrir en estos terrenos y el enfrentarme a terribles poderes de las tinieblas, me llevo a entender que necesitaba comprender en una forma profunda la justicia de Dios. Que lo único que destruye el poder del diablo, es la justicia que fue manifestada en la cruz del calvario y que esto era mucho más grandioso que la sencilla justificación por gracia que se predica en las iglesias.

Dios quiere llevarnos a través de estas líneas a sondear varios de los tesoros más maravillosos escondidos en Cristo Jesús y de esta manera entrar a una plenitud de vida que solo se puede obtener en las profundidades del misterio de la cruz.

Quiere que entendamos cual es uno de los mayores obstáculos para entrar a la posesión de las riquezas de su gloria el cual es "la iniquidad", y como ser libre de ella. Cómo el desconocimiento de este tema nos va a hacer permanecer atados a fracasos y a maldiciones de las cuales no podremos salir.

Dios en su palabra hace una tremenda distinción, entre pecado e iniquidad. La iglesia en alguna medida trata con el tema del pecado, pero prácticamente nadie toca la terrible problemática de la iniquidad. La gran mayoría de los cristianos aun desconocen lo que es, y por esa causa no saben ni pueden tratar con ella.

Una gran inquietud ha cargado mi alma, el ver a miles y cientos de miles de cristianos sufriendo dolores intensos, desiertos que no nunca terminan, enfermedades de las que no pueden salir y maldiciones que no pueden ser revocadas.

Esto me llevo a buscar intensamente el rostro de Dios, para encontrar una solución que pudiera satisfacer tantas preguntas que parecía que no tenían una respuesta.

Durante muchos años Dios me ha levantado como pionera en varias áreas, una de ellas, la guerra espiritual a nivel de liberación personal, así como en el nivel territorial. El incurrir en estos terrenos y el enfrentarme a terribles poderes de las tinieblas, me llevo a entender que necesitaba comprender en una forma profunda la justicia de Dios.

Que lo único que destruye el poder del diablo, es la justicia que fue manifestada en la cruz del calvario y que esto era mucho más grandioso que la sencilla justificación por gracia que se predica en las iglesias.

Dios quiere llevarnos a través de estas líneas a sondear varios de los tesoros más maravillosos escondidos en Cristo Jesús y de esta manera entrar a una plenitud de vida que solo se puede obtener en las profundidades del misterio de la cruz.

Quiere que entendamos cual es uno de los mayores obstáculos para entrar a la posesión de las riquezas de su gloria el cual es "la iniquidad", y como ser libre de ella. Cómo el desconocimiento de este tema nos va a hacer permanecer atados a fracasos y a maldiciones de las cuales no podremos salir.

Dios en su palabra hace una tremenda distinción, entre pecado e iniquidad. La iglesia en alguna medida trata con el tema del pecado, pero prácticamente nadie toca la terrible problemática de la iniquidad. La gran mayoría de los cristianos aun desconocen lo que es, y por esa causa no saben ni pueden tratar con ella.

1

¿Que Es La Iniquidad?

Etimológicamente esta palabra quiere decir, "Lo torcido", de hecho es lo que se tuerce del camino recto y perfecto de Dios. El origen de la iniquidad se encuentra en la caída de Luzbel. Surge en el momento en que este arcángel lleno de belleza y perfección le da cabida a un pensamiento que se desalinea de Dios. Y empieza a creer en algo diferente y opuesto a la justicia Divina.

Ahora bien de la misma que la fe es "la sustancia de lo que se cree", es el poder que activa el mundo invisible de los cielos, este pensamiento torcido dentro del corazón del arcángel va también a producir una sustancia espiritual, que es el origen de la maldad.

"Perfecto eras en todos tus caminos desde el día en que fuiste creado, hasta que se halló en ti maldad". Y luego dice:" Con la multitud de tus maldades y con la iniquidad de tus contrataciones profanaste tu santuario."

—Ezequiel 28:15 y 18

Estas dos palabras que muchas veces se usan al azar son determinantes para entender la raíz de la gran mayoría de los problemas que nos suceden. La maldad es la semilla diabólica de donde todo el mal se origina. Esta es transmitida al hombre desde su nacimiento y va a impregnar el corazón de pensamientos e intenciones que se oponen a la justicia, a la verdad, al amor y a todo lo que Dios es. La iniquidad es la suma de todos estos pensamientos torcidos, o la suma maldad del hombre.

La iniquidad va a impregnar el espíritu del ser humano en el instante en que es concebido el embrión. Es en este momento que toda la información, o herencia espiritual de maldad en la persona se va a establecer en ella.

La iniquidad es como un cordón espiritual, por definirlo de alguna manera, a donde se van grabado todos los pecados del hombre y lo que será su herencia a la siguiente generación. Es donde queda esculpido todo el legado torcido y pecaminoso, que le entregará un hombre a sus hijos. Estos a su vez, lo torcerán aún más con sus propios pecados, y lo entregarán como una estafeta de maldición a la subsiguiente generación.

"El pecado de Judá está escrito con cincel de hierro y con punta de diamante, esculpido está en la tabla de su corazón"

—Jeremías 17:1

La iniquidad es lo que la Biblia llama el cuerpo de pecado. Al avanzar en estas líneas veremos como la iniquidad ha formado parte del cuerpo espiritual dentro del hombre y esta va a afectar su comportamiento, la estructura de sus pensamientos y aún el estado de salud del cuerpo físico. El cuerpo de pecado se origina en el espíritu e invade el alma y el cuerpo, como un lodo que lo ensucia todo.

La iniquidad está intrínsicamente ligada al mundo espiritual de las tinieblas y es ahí a donde el diablo engarza las maldiciones que vienen de nuestros antepasados. Es en esta misma área donde se arraigan las bases legales de enfermedad que se transfieren de padres a hijos, a nietos. Es donde se encuentra la legalidad de Satanás para robarnos y oprimirnos y lo que va a ser un constante obstáculo para recibir la plenitud de las bendiciones de Dios.

Esta es la principal puerta que tiene el imperio del diablo sobre la vida del ser humano, creyente o incrédulo. Es a través de la iniquidad que el maligno va permear el corazón del hombre, para poner en él todo tipo de deseos perversos y pecaminosos. A esto se le llama concupiscencia. La herencia de pecado ha sido trasmitida y ahora va a corromper el alma para que ésta empiece a desear hacer el mal. Será una fuerza irresistible en muchos casos que arrastrará a personas aparentemente buenas a cometer pecados abominables.

Es por eso que hijos de alcohólicos, llegada cierta edad empiezan a tener un deseo incontrolable de beber. Y a veces son hijos de cristianos o de pastores que sin razón alguna empiezan a desarrollar estas inclinaciones pecaminosas. La razón de esto es que no se ha tratado con la iniquidad.

"Sino que cada uno es tentado cuando en su propia concupiscencia es atraído y seducido. Entonces la concupiscencia despúes que ha concebido, da a luz el pecado, y el pecado siendo consumado da a luz la muerte."

—*Santiago 1:14'15*

No solo el diablo va interferir en la vida del hombre a través de la iniquidad, sino que es donde los juicios de Dios se van a estar manifestando constantemente. Debido a que la iniquidad se opone a la justicia divina, por estar torcida de ella, esto va a ocasionar un continuo choque con la rectitud de Dios. La justicia tiene como parte de su esencia el juzgar todo lo que se opone a ella.

El propósito de los juicios de Dios es alinear todas las cosas con la voluntad y justicia de Dios. Luego donde hay caminos torcidos va a haber una continua acción divina tratando de alinear a la persona con él. Lo cual se manifiesta en juicios, pruebas, tribulaciones desiertos etc.

"...Porque yo soy Jehová tu Dios, que visita la iniquidad de los padres sobre los hijos hasta la tercera y cuarta generación de los que me aborrecen"

—*Éxodo 20:5*

Note que no le está hablando a los impíos sino a su pueblo. Y que no está visitando el pecado, sino la iniquidad. El pecado es tan solo el fruto de la iniquidad, es la parte superficial y visible de algo que está profundamente arraigado en el ser humano. El pecado es tan solo las ramas, lo exterior de un gran árbol que viene creciendo y robusteciéndose de generación en generación. La iniquidad es la verdadera raíz de donde surge todo el mal en nosotros y es ahí donde debemos echar el hacha. La gran mayoría de los creyentes confiesan sus pecados a Dios, pero jamás le han pedido que borre sus iniquidades. Por esta causa siguen padeciendo la consecuencia de terribles maldiciones financieras, o de enfermedades familiares incurables, destrucción familiar, divorcios, accidentes y tragedias que no deberían ocurrir estando bajo la protección de un Dios que es todopoderoso.

Dios Hace Diferencia Entre La Iniquidad Y El Pecado

Como dije anteriormente, no es lo mismo el fruto que la raíz. El origen y lo que se da a luz. Dios no solo vino a vencer el pecado en nuestras vidas, sino a deshacer todas las obras del diablo.

Cuando Moisés esta clamando a Dios por ver su gloria, el Señor se manifiesta a él y le dice:

"¡Jehová, Jehová! Fuerte, misericordioso y piadoso, tardo para la ira y grande en misericordia y verdad, que guarda misericordia a millares, que perdona la iniquidad, la rebelión y el pecado, y que de ningún modo tendrá por inocente al malvado"

—*Éxodo 34:6b y7a*

Un principio que tenemos que entender y que va a ser fuente de gran liberación en nuestras vidas es que Dios no trata con el mal en forma genérica. El es tremendamente específico y es también así, como nosotros tenemos que responder en contra de todo el reino de las tinieblas.

Una de las tremendas tragedias que yo veo en el cuerpo de Cristo, es que la mayoría de la gente se conforma con oraciones generales y simples. Algo así como: "Señor perdona todos mi pecados" o "Señor cualquier cosa que yo haya hecho en el pasado, perdóname" o quizás "Señor todo pecado en el área sexual te pido perdón por ello". Aunque Dios oye la intención de nuestro corazón y nos perdona en cuanto a nuestra salvación eterna. Las bases legales que operan en nuestra contra no son quitadas con oraciones genéricas. Dios quiere que escudriñemos nuestros corazones, que entendamos la maldad y sus consecuencias en la misma dimensión que él las entiende. El quiere que el diablo no tenga ni la menor cosa con que atacarnos. Jesús murió por nuestra total libertad y cada parte de la cruz y de su pasión tiene que ver con áreas diversas en que Dios pagó el precio por nosotros, para que entráramos a una total plenitud con él. No sólo fue conquistado el perdón de nuestros pecados, sino que la cruz, representó una obra integral en la cual fue redimida cada parte de nuestro espíritu, de nuestra alma y de nuestro cuerpo.

"Ciertamente llevó él nuestras enfermedades, y sufrió nuestros dolores..."

"Mas él herido fue por nuestras rebeliones, molido por nuestras iniquidades, el castigo de nuestra paz fue sobre él, y por su llaga fuimos nosotros sanados""Con todo eso Jehová quiso quebrantarlo, sujetándole a padecimiento. Cuanto haya puesto su vida en expiación por el pecado, verá linaje, vivirá por largos días, y la voluntad de Dios será en su mano prosperada. Verá el fruto de la aflicción de su espíritu, y quedará satisfecho; por su conocimiento justificará mi siervo justo a muchos, y llevará las iniquidades de ellos."

—Isaías 53:4ª,5 y 10 -11

En este pasaje de Isaías vemos como la cruz abarca cantidad de conceptos de los cuales tenemos que ser liberados y redimidos.

Una gran parte del cuerpo de Cristo se limita a recibir la salvación de sus pecados, pero viven vidas llenas de enfermedades, de dolores, emocionales y físicos. Atrapados en cárceles del alma y del espíritu y sobre todo sufriendo el continuo padecimiento de llevar a cuestas su iniquidad. Jesús hizo una obra completa para que viviéramos una vida de plenitud con él. Pero si no entendemos como estamos conformados, espiritual, anímica, y corporalmente y cómo la victoria de la cruz se aplica a cada una de estas áreas, nunca veremos Su total triunfo en nuestras vidas.

En otra parte donde vemos claramente cómo Dios hace diferencia entre iniquidad y pecado se encuentra en la ceremonia de expiación en el Antiguo Testamento. Esta no es otra cosa que la sombra y figura de lo que Jesús haría en el calvario.

"Y pondrá Aarón sus dos manos sobre la cabeza del macho cabrío vivo, y confesará sobre él todas las iniquidades de los hijos de Israel, todas sus rebeliones y todos sus pecados, poniéndolos así en la cabeza de macho cabrío, y lo enviará al desierto, por mano de un hombre destinado para esto."

—Levítico 16:22

Una vez más vemos a un Dios específico, limpiando a su pueblo por la confesión detallada de estas tres formas corruptas del ser humano.

A.-La iniquidad, es parte del espíritu del hombre.

a.- El hombre esta compuesto por espíritu, alma y cuerpo

El ser humano es una maquinaria viva impresionantemente compleja y maravillosa a la vez. Basta con echarles una mirada a todos los sistemas y órganos que componen nuestro cuerpo, para darnos cuenta de lo detallada y asombrosa de la obra de Dios en nosotros.

De las tres partes que componen nuestro ser Espíritu, alma y cuerpo, la mas fácil de entender es el cuerpo, por cuanto es visible y tangible. Sin embargo ha tomado cientos de años a las ciencias médicas el descifrarlo y entenderlo y aún quedan misterios por resolver.

El hombre sólo se puede entender en manera integral, esto es combinando los tres aspectos que lo componen. El ignorar uno de ellos es necesariamente caer en un error y por eso es que la ciencia no puede atar los cabos que unen al cuerpo y al espíritu, por cuanto lo desconocen totalmente.

El cuerpo como bien sabemos está compuesto de un sinnúmero de componentes que lo hacen funcionar correctamente. De la misma manera el alma y el espíritu son cuerpos intangibles altamente complejos que debemos conocer para caminar en la victoria que Cristo efectuó para nosotros. Muchos de los fracasos de millones de cristianos se debe al escaso conocimiento que se tiene de estas dos partes fundamentales de nuestro ser.

Es parte de algunas teologías que el alma esta compuesta de: La mente, las emociones y la voluntad. Y el espíritu de: La comunión, la intuición y la conciencia. Y tanto la una como el otro, no son para la mayoría más que dos enormes bloques prácticamente desconocidos que la gran mayoría decide ignorar sus profundidades para no meterse en demasiadas complicaciones. Y desgraciadamente esta actitud es la que mantiene a millones de personas atadas a desiertos y tribulaciones de los que no pueden salir.

Otros un poco más versados en la investigación de estas áreas y tratando de darle una explicación a la opresión demoniaca en los creyentes han comparado al hombre tripartito con el tabernáculo de Moisés. Ellos aluden que el cuerpo es como los atrios del templo, el alma es como el "Lugar Santo" y el espíritu como "El Lugar Santísimo" donde moraba la presencia de Dios en el Arca del Pacto.

De esta manera explican que un cristiano pude ser atacado u oprimido por demonios en su cuerpo, de la misma manera que gente de todo tipo entraba a los atrios del templo. Esto da una explicación a espíritus de enfermedad que operan afligiendo los cuerpos físicos.

Ellos también explican que el alma siendo como el lugar santo, donde entraban los levitas y sacerdotes también tiene acceso demoníaco a espíritus que afligen el alma como son espíritus de temor, de de depresión, de ira etc.

Pero que el espíritu del hombre solo pude ser poseído ya sea por Dios o por el diablo y aquí ya no hay mezclas de nada. Una vez que uno es sellado en su espíritu por el Espíritu de la Promesa, el espíritu se vuelve absolutamente puro. Y el problema solo radicara a partir de este momento en el alma y en el cuerpo.

Si bien comparto esta teología con mis hermanos doctores en liberación, creo que Dios nos está llevando a una investigación profunda de las areas del espíritu que aún no habían sido reveladas en estos últimos siglos; y que si lo fueron la enseñanza no ha sido popularmente propagada.

Considerar al espíritu como que solo tiene tres grandes partes: comunión, intuición y conciencia, es lo mismo que pensar que el cuerpo humano es solo cabeza, tronco y extremidades.

Pablo menciona en su primera carta a los Corintios que hay cuerpo animal y cuerpo espiritual. (1C0 15:44) Tanto el uno como el otro están formados de una complejidad de órganos y de sistemas que lo conectan entre sí y le permiten así funcionar cada uno en la dimensión a la que pertenece, el cuerpo físico en el mundo material, y el espiritual en el ámbito de espíritu, aunque están unidos entre sí.

El entender esto me hace diferir con la idea de que el espíritu sea perfectamente puro por el hecho de que Dios lo habite.

Permítame citar para esto algunos textos de la Biblia:

"Así que amados, puesto que tenemos tales promesas, limpiémonos de toda contaminación de carne y de espíritu, perfeccionando la santidad en el temor de Dios"

—*2ª de Corintios 7:1*

"Y el mismo Dios de paz os santifique por completo; y todo vuestro ser, espíritu, alma y cuerpo, sea guardado irreprensible para la venida de nuestro Señor Jesucristo."

—1ª Tesalonicenses 5:23

Aquí vemos que hay una contaminación espiritual de la que tenemos que limpiarnos y también que Dios quiere operar una santificación en las tres partes de nuestro ser. Sin tratar de hacer un estudio exhaustivo de lo que es el espíritu, lo cual me tomaría un libro entero, veamos pues como está conformado nuestro espíritu y cuales son sus algunas de sus diferentes partes:

B.- *Algunos de los componentes del espíritu*
a.- La Comunión.
Esta es la parte de nuestro espíritu que está unido a Dios, a través de la simiente de su hijo que es implantada en nosotros.

Este es el órgano donde se determina que un espíritu vive o esta muerto con relación a Dios.

Es aquí uno de los componentes donde se escucha con claridad Su voz. Y donde se manifiesta esa intimidad gloriosa en la que podemos sentir esa unidad con el Espíritu Santo. Es en esta área donde es establecido el Señorío de Cristo, el cual va a dirigir y gobernar nuestras vidas. Es en esta área donde vienen muchas de las visiones y revelaciones del Espíritu de Dios. Y donde Dios se manifiesta en forma visible a aquellos que le aman y han desarrollado una vida en el Espíritu.

La comunión es la parte central del cuerpo espiritual, y donde se establece el "Lugar Santísimo " de nuestro templo. Cuando una persona no ha venido a Cristo, esta área está en posesión del príncipe de las tinieblas. Esto es lo que dice la palabra:

"Para que abras sus ojos (de los inconversos), para que se conviertan de las tinieblas a la luz, y de la potestad de Satanás a Dios.."

—*Hechos 26:18ª*

Es en esta área donde convergen los cielos y la tierra haciéndose una misma cosa en Cristo Jesús. Y es donde es establecido el Reino de Dios en medio de nosotros. Es a través de la comunión, que podemos ver y penetrar el mundo espiritual y los tesoros escondidos de Dios. Y donde se puede experimentar la gloria de Dios para ser así transformados a su imagen.

Es en esta área donde es engendrado por la vida de Dios nuestro espíritu para dar después lugar al nuevo nacimiento. Aquí es donde radica la nueva creación en Cristo Jesús. Es donde empieza la regeneración y donde también somos vivificados por el Espíritu de resurrección.

La comunión está conectada a las otras partes de nuestro espíritu, y funciona como el área gobernante de nuestro ser espiritual. Es por decirlo de alguna manera el corazón o parte medular del hombre interior.

La comunión es también la parte que comunica el espíritu del hombre con su alma. Específicamente con su corazón o depósito de sus emociones y de su carácter.

La Biblia dice:

"Guardad vuestro corazón, sobre toda cosa guardada,
por que de él mana la vida."

Proverbios 4:23

b.- La intuición

Aunque esta palabra no es bíblica, es reconocida por el
diccionario y algunos teólogos, como parte del espíritu.
La intuición son las antenas que conectan el mundo
natural con el espiritual. Es lo que nos hace sentir en un
momento dado la presencia de un demonio, o de un ángel
o la de un espíritu humano. A veces sentimos que alguien
nos observa o que estamos siendo seguidos por alguien. Esta
es la intuición que esta detectando como un radar el mundo
espiritual.

Podemos saber que algo es de una o de otra manera
sin una razón lógica. Como el fuerte sentimiento que
alguien nos llamará por teléfono con la respuesta a algo
que necesitamos. O el saber que un ser querido que está
distante se encuentra bien, o al contrario, que algo malo le
ha sucedido.

Muchas veces en el ministerio, cuando organizamos un
evento, en forma sobrenatural sé que algo se está atorando
en el mundo espiritual. Es mi espíritu detectando lo que
está sucediendo en el ámbito invisible y esto me hace doblar
las rodillas y orar para saber qué es lo que está sucediendo.

A veces sucede que sabemos el resultado de una entrev-
ista, antes de que suceda. O detectamos que alguien tiene la
intención de traicionarnos. Quizás las palabras y los hechos
de esa persona tienen la apariencia de buenos, pero algo en
el espíritu nos avisa que tengamos precaución.

La intuición también recibe revelación de parte de Dios, Muchas de las palabras proféticas dadas en forma personal, provienen de la habilidad de esta parte de nuestro espíritu de recibir información acerca de la persona. Aquí se manifiestan los dones de Palabra de ciencia, profecía y palabra de sabiduría.

c.- La conciencia

Esta es la parte de nuestro espíritu donde radica el temor de Dios y la sabiduría de Dios. Es la forma en que nuestro ser puede tener conocimiento del bien y del mal, sin nunca haber leído la Biblia.

"Porque cuando los gentiles que no tienen ley, hacen por naturaleza lo que es de la ley, estos aunque no tengan ley, son ley para sí mismos, mostrando la obra de la ley escrita en sus corazones, dando testimonio su conciencia, y acusándoles o defendiéndoles sus razonamientos, en el día en que Dios juzgará por Jesucristo los secretos de los hombres conforme a mi evangelio."

—*Romanos 2:14-16*

La conciencia al igual que la comunión y otras partes del espíritu, está íntimamente ligada al corazón del hombre. Es por eso que los razonamientos del corazón muchas veces difieren de los de la mente, cuando ésta no ha sido renovada ya que están conformados a este mundo. Esta parte del espíritu fue despertada cuando el hombre comió del árbol del conocimiento del bien y del mal.

Cuando el hombre peca continuamente, la parte de Dios que está conectada a su conciencia, la cual es "el temor de

Dios" se aparta de él, y esto produce un endurecimiento en la conciencia que la va a ir haciendo cada vez más insensible a la voluntad de Dios, produciéndose densos velos de cauterización.

"Pero el Espíritu dice claramente que en los postreros tiempos, algunos apostatarán de la fe, escuchando a espíritus engañadores y a doctrinas de demonios; por la hipocresía de mentirosos, que teniendo cauterizada la conciencia, prohibirán casarse y abstenerse de alimentos que Dios creo..."

—1ª Timoteo 4:1, 2 y 3ª

d.- La mente del Espíritu.

La mente del espíritu consta de varias partes. Entendimiento e inteligencia espiritual y sabiduría de Dios. Es en la mente del espíritu donde reposa el conocimiento de Dios. Donde se nos es dado en forma sobrenatural saber cosas de Dios, que nadie nos ha enseñado. Esta es la parte del espíritu donde recibimos la mente de Cristo, donde viene la iluminación que de pronto nos hace entender algo que no podíamos comprender. Es aquí donde Dios ha revelado los grandes misterios de la ciencia. A justos e injustos. Es donde Pablo ora para que se abran los ojos espirituales para entender las riquezas de Su gloria.

"Para que el Dios de nuestro Señor Jesucristo, el Padre de gloria, os dé espíritu de sabiduría y de revelación en el conocimiento de él, Alumbrando los ojos de vuestro entendimiento, para que sepáis cual es la esperanza a la cual fuisteis llamados, y cuales las riquezas de la gloria de su herencia en los santos. Y cual la supereminente grandeza de su poder para con nosotros los que creemos, según la operación del poder de Su fuerza..."

—*Efesios 1:17-19*

En este pasaje vemos varias partes del espíritu en acción, y Pablo orando para que sean despertadas y activadas en nuestro ser. Vemos La intuición recibiendo el conocimiento, los ojos del entendimiento trayendo iluminación a la mente del espíritu, vemos la herencia, de la cual hablaré en un momento, que es donde se encuentra la genética espiritual del hombre. Y el área del "Poder de Dios" recibiendo el poder de la resurrección.

Es en esta área del entendimiento donde se establece la luz de Dios y donde podemos crecer también en luz.

e.- Los sentidos del espíritu.
De la misma manera que nuestro cuerpo tiene sentidos para mantenerse en contacto en formas diversas con el mundo que nos rodea, así también nuestro espíritu los tiene para percibir el mundo invisible. Especialmente nos ayudan a diferenciar la procedencia de lo que estamos percibiendo, ya sea de Dios o de las tinieblas y a esto se le llama discernimiento espiritual.

"Pero el alimento sólido es para los que han alcanzado madurez, para los que por el uso tienen los SENTIDOS ejercitados en el discernimiento del bien y del mal."

—*Hebreos 5:14*

Todo espíritu humano posee ojos, oídos, gusto, tacto y olfato.

Con los ojos tenemos experiencias visuales, como visiones y éxtasis. Con los oídos escuchamos la voz de Dios, de los ángeles y de los demonios. Con el gusto podemos tener una experiencia como la de Juan en el Apocalipsis, en la cual se comió el librito que el ángel le daba y éste le fue dulce en la boca y amargo en el vientre. (Ap 10:9-10).

En cuanto al tacto espiritual, quizás el más desarrollado en muchos, es lo que nos hace sentir el calor del Espíritu Santo, o la sensación de que Dios nos abraza. En guerra espiritual, muchas veces se siente el frío de espíritus de muerte que andan rondando, aunque el clima esté caliente.

Muchas veces, y sobretodo un espíritu desarrollado percibirá olores espirituales, como fragancias que provienen de la presencia de Dios, o la hediondez de espíritus inmundos.

Los sentidos del espíritu están conectados a los sentidos del alma y se nutren unos a otros.

f.- El asiento del poder.
Nuestro espíritu posee un área que es donde radica el poder de Dios. Es a través de esta parte de nuestro espíritu que se manifiestan los dones de milagros, de sanidades, y los prodigios de Dios. Es por decirlo de alguna manera, el motor del espíritu. Es donde recibió la fuerza Sansón. De donde salió la ráfaga de fuerza de la mano y luego de la vara de Moisés, para dividir el mar Rojo.

Es como la representación de las manos de Dios en nosotros. Como dice el profeta Habacuc:

"El resplandor fue como la luz; Rayos brillantes salían de su mano y ahí estaba escondido su poder."

—*Habacuc 3:4*

O como decía Pablo:

"Y a Aquel que es poderoso para hacer todas las cosas, mucho más abundantemente de lo que pedimos o entendemos, según el poder que actúa en nosotros."

—Efesios 3:20

Los apóstoles habían recibido el Espíritu de Dios, cuando Jesús lo sopló sobre ellos antes de su ascensión; sin embargo les dijo:

"Pero recibiréis poder cuando haya venido sobre vosotros el Espíritu Santo, Y me seréis testigos en Jerusalén, en Samaria, y hasta lo último de la tierra."

—Hechos 1:8

Esto me muestra a mí, que el Espíritu Santo puede venir sobre diferentes áreas del espíritu, e irlas activando de una en una, hasta alcanzar una plenitud espiritual. Por eso vemos creyentes donde una parte de su espíritu está mucho más desenvuelta que otras. Hay creyentes con gran intuición, o mover profético, pero que en las áreas de poder no son tan efectivos. La realidad es que los dones del Espíritu vienen sobre diferentes partes de nuestro ser espiritual desarrollándolo en el área que corresponde a cada don.

Un principio es que como es en lo natural es también en lo espiritual.

De la misma manera que en nuestra existencia física, los dones naturales se manifiestan en diversas partes del alma o del cuerpo; así también lo es en el cuerpo espiritual.

Unos desarrollan más los dones mentales, en las ciencias, en los idiomas y en diferentes profesiones. Otros se inclinan por las artes, otros por los deportes, y otros en una combinación de todos.

f.- La herencia

Nuestro cuerpo natural almacena la herencia genética en los cromosomas de la célula y estos forman un cordón llamado DNA, en donde se encuentra, toda la información de nuestra herencia física. Es como el microchip de una computadora, donde se haya toda la información de como estamos configurados. Es el DNA, el que va a determinar si nacemos con los ojos del abuelo, con la boca de mamá, con el color de pelo del bisabuelo y con la estatura de papá.

Toda esta información es transmitida físicamente de generación en generación y así al multiplicarse las células dentro del vientre de la madre, se va formando un cuerpo bajo el diseño de dicha información.

En el cuerpo espiritual, también se encuentra el mismo modelo: un DNA espiritual, un elemento intangible en el cual se va grabando toda la información espiritual de generación en generación y este elemento se llama **INIQU-IDAD.**

Dios proveyó para nosotros una herencia redimida basada en el Espíritu de Cristo, la cual tiene que suplantar nuestra herencia de maldición contenida en la iniquidad. Desgraciadamente como este es un tema casi jamás tocado por la Iglesia, los creyentes siguen sufriendo las consecuencias que se desenlazan de esta terrible parte de nuestro espíritu.

Fíjese como el mismo Dios atribuye al espíritu del hombre la responsabilidad de su maldad:

"Porque Jehová Dios de Israel ha dicho que aborrece el repudio, y al que cubre de iniquidad su vestido, dijo Jehová de los ejércitos. Guardaos pues en vuestro espíritu, no seáis desleales."

Malaquías 2:16

Aunque este no pretende ser un libro exhaustivo en el conocimiento de todas las áreas del espíritu, si es importante desglosarlas a groso modo, para darnos cuenta de cómo funciona esta esencial parte de nuestro ser. Es por tanto a esta parte: la herencia a la que quiero consagrar estas páginas, para que podamos conquistar una libertad maravillosa en Cristo Jesús y entrar en la verdadera posesión de nuestra herencia.

2

El Conflicto Entre Las Dos Simientes

1.- La Iniquidad Es El Cuerpo De Pecado

Como vimos en el capítulo anterior, la iniquidad es la semilla diabólica engendrada en el espíritu del hombre y que va a determinar la actividad pecaminosa de éste durante su vida.

La Biblia nos habla de dos simientes que están en continuo conflicto la una con la otra.

> "Y Jehová dijo a la serpiente:...y pondré enemistad entre ti y la mujer, entre tu simiente y la simiente suya; ésta te herirá en la cabeza y tu la herirás en el calcañar."
>
> —*Génesis 3:15*

Estas simientes son dos naturalezas, una demoníaca y caída y la otra divina, que es Jesús. Esta es la simiente en la cual se encuentra la promesa que Dios le hiciera a Abraham:

"Ahora bien, a Abraham fueron hechas las promesas, y a su simiente. No dice: a sus simientes, como si hablase de muchos, sino como de uno: Y a tu simiente, la cual es Cristo"

—*Gálatas 3:16*

Cuando venimos a Cristo, a través de reconocer y aceptar en nuestras vidas lo que él hizo por nosotros en la cruz y bautizarnos, somos engendrados en nuestro espíritu, de esta simiente divina. A partir de ese momento va a empezar un conflicto interno en nosotros entre la llamada "Carne" o "alma no regenerada y la semilla de vida que acaba de ser plantada en nosotros. La carne va a querer prevalecer y va a ser alimentada a través de la iniquidad; y la vida de Cristo va a luchar contra ella destruyéndola y llevándonos a vivir por el Espíritu.

¿Qué es la carne? Esta es la estructura de maldad que a través de la iniquidad en nosotros, el diablo edificó en nuestra alma, para torcernos del camino de Dios. Desde que nacemos, la iniquidad implantada en nuestro espíritu empieza a contaminar, nuestro corazón, nuestros razonamientos, todo el concepto de quienes somos, nuestra forma de desenvolvernos, en donde vamos poniendo nuestra confianza etc.

La carne entonces, es una estructura, es nuestra formación interna como criaturas caídas, donde toda la herencia espiritual de iniquidad va a ser vertida en nosotros, para que se cumplan los designios del diablo y no los de Dios. Para desviarnos de la justicia de divina y tomar nuestra propia forma caída como bandera de conducta y auto justificación.

"OH congregación ¿Pronunciáis en verdad justicia? ¿Juzgáis rectamente hijos de los hombres? Antes en el corazón maquináis iniquidades; hacéis pesar la violencia de vuestras manos en la tierra. Se apartaron los impíos desde la matriz; Se descarriaron hablando mentira desde que nacieron"

—Salmo 58:1-3

El rey David reconoce esta situación interna que lo arrastra al mal luego de caer en adulterio con Betsabé. El va a tener un claro entendimiento de lo que le ha sucedido y en su oración va a dirigirse a la raíz del problema. Vemos cómo, la luz del altísimo le hace diferenciar nítidamente entre iniquidad, rebelión y pecado. El entiende que la razón de su forma pecaminosa de actuar es mucho más profunda que el simple pecado cometido, y escribe:

"Ten piedad de mí. OH Dios, conforme a tu misericordia borra mis rebeliones. Lávame más y más de mi iniquidad, y límpiame de mi pecado.

Porque yo reconozco mis rebeliones, y mi pecado está siempre delante de mí. Contra ti solo he pecado, y he hecho lo malo delante de tus ojos; para que seas reconocido justo en tu palabra, y tenido por puro en tu juicio. He aquí en iniquidad he sido formado y en pecado me concibió mi madre. He aquí, tú amas la verdad en lo íntimo y en lo secreto me has hecho comprender sabiduría."

—Salmo 51:1-6.

Aquí vemos como la iniquidad es implantada desde el nacimiento y si no es purgada de nuestro ser, va a alimentar continuamente la vida de la carne enemistándonos así con Dios e invadiéndonos de muerte. Las dos simientes están en continuo conflicto hasta que una de las dos muera. Las consecuencias de que la iniquidad no sea por completo desarraigada van a traer mucho más conflicto que una lucha interna, como lo veremos más adelante.

La iniquidad mana del espíritu del hombre y le da forma y estructura a la carne, además de nutrirla de poder. La iniquidad se manifiesta en la vida del alma formando densos velos que impiden el desarrollo de una vida espiritual efectiva. Es una fuerza que nos jala a permanecer en los terrenos de la mente y de nuestro corazón dependiendo más de nuestra forma de pensar y de nuestros deseos que de Dios.

La carne, la cual es la evidencia manifestada de la iniquidad entre otras cosas, es un concepto mucho más profundo que tan solo considerar los frutos de ella.

Como dice la epístola a los Gálatas:

"Y manifiestas son las obras de la carne, que son: adulterio, fornicación, inmundicia, lascivia, idolatría, hechicerías, enemistades, pleitos, contiendas, disensiones, herejías, envidias, homicidios, borracheras, orgías, y cosas semejantes a estas; acerca de las cuales, os amonesto como ya lo he dicho antes, que los que practican tales cosas no heredarán el reino de Dios"

—*Gálatas 5:19-21*

Estos son tan solo frutos, evidencias externas de una estructura, de hábitos y paradigmas que han controlado nuestra vida por años y que sólo por el poder del Espíritu podemos destruirla. Tratar con los frutos es tan solo una obra externa. Un ejemplo de esto es un alcohólico que viene a Cristo y deja de beber. Pero nunca trata con las raíces de dolor, de rencor y de rebelión que lo condujeron a evadirse de la realidad de esta forma. Inevitablemente el poder de la iniquidad atrás del pecado lo arrastrará a otras formas de evasión pecaminosas.

La razón es porque en su corazón está grabado: "Tienes que evadirte, no soportas el dolor". Este decreto hecho por él mismo es alimentado por la iniquidad que va de continuo a presionar su carne, y caerá en una vida llena de mentiras, o se evadirá a través del adulterio o la pornografía cibernética.

El cree que ha sido libre del alcohol, pero en realidad lo único que hizo fue podar un fruto visible, pero nunca fue a la raíz del problema.

Tratar con la parte superficial, que es el pecado visible, en aras de buscar nuestra santificación no es suficiente. Por eso hay tanta frustración, condenación e hipocresía en las Iglesias. Dios quiere iluminar nuestro entendimiento a través de estas líneas para alcanzar la verdadera herencia de vida abundante que Jesús tiene para nosotros.

En el intenso camino de oración buscando las llaves para contribuir en llevar a la iglesia a su verdadero estado de gloria y de liberación, Dios me mostró que muy poco de su pueblo entiende lo que es caminar por el Espíritu. Esta forma de conducirse, no es ir a la iglesia todos los domingos o todos los días, ni tampoco es saberse la Biblia de memoria, ni tampoco es un servicio sistemático en la organización de la iglesia. Caminar en el Espíritu tiene que ver con desarrollar cada área de nuestro ser espiritual. Es un caminar sobrenatural y totalmente guiado por el Espíritu de Dios, es la manifestación visible de Cristo en nosotros y la total destrucción del cuerpo de pecado que es la iniquidad. NO ES LA VOLUNTAD DEL HOMBRE LA QUE DESTRUYE LAS OBRAS DE LA CARNE SINO EL ESPÍRITU DE DIOS. Es la simiente de Dios trayendo muerte a la simiente diabólica en la carne. Esto solo se logra entendiendo la vida del Espíritu, y pasando tiempo en intimidad con Dios.

La carne se disfraza de espiritualidad trayendo hacia sí terribles espíritus de religiosidad. La religión subyuga la carne, la doblega, tratando con hábitos externos, dándole apariencia de piedad, pero negando la eficacia de la misma. La religión no puede por medio de sus normas y legalismos tratar con la parte interna del ser, donde radica la iniquidad. Esto solo puede ser hecho por medio del Espíritu, adecuando nuestro espíritu al de Dios.

Al hombre religioso le agrada HACER cosas aparentemente piadosas; pero lo que es del espíritu no tiene que ver con el hacer, sino con el SER.

Esto es de tal relevancia que si no lo entendemos, estaremos viviendo conforme a la herencia de iniquidad en nosotros, haciendo esfuerzos y sacrificios que para lo único que sirven es para agotarnos y terminar hartos de todo lo que se llame iglesia. Por eso vemos y se acercan a nosotros tantos siervos de Dios, quemados, sin fuerzas y sin saber ya que hacer o para donde dirigir sus pasos.

Es parte de los planes del diablo, invadir de religiosidad La Santa Iglesia de Jesucristo, para gobernar a través de la iniquidad y matar la vida del espíritu.

Tenemos que entender que todo lo que no es originado día a día en el cielo y traído a nosotros por el Espíritu Santo de Dios, tiene su origen en la carne y su fin es muerte. Se puede orar en la carne, oraciones mentales, peticiones llenas de llanto pero que carecen de fe. Se puede leer la Biblia en la carne, consiguiendo tan sólo, no la revelación, sino las ataduras a la letra. Se Puede adorar, cantando tan solo con la boca y sin ningún objetivo de alcanzarlo a El, tan solo para llenar un tiempo del servicio, mientras los corazones están disipados en otros pensamientos. Estos son lazos de iniquidad que no permiten un desarrollo eficaz del espíritu.

Es una gran mayoría de iglesias las que ponen poco o ningún énfasis, en la adoración profunda del Espíritu y en dar lugar a un genuino fluir dentro de la intimidad de Dios, que habilite a los creyentes en su desenvolvimiento espiritual.

Ha sido prácticamente una tendencia generalizada el dar prioridad a los programas de los hombres que a la libertad de lo que Dios quiera hacer, y cómo El lo quiera hacer. Esto ha producido un cristianismo carnal (estructurado humanamente) que carece de eficacia espiritual en la gran mayoría de los miembros de una iglesia.

Es relativamente fácil crear un sistema religioso de normas y formulas que todos puedan seguir. Porque en el fondo a muchos les da temor entrar en los caminos desconocidos e intangibles del espíritu, donde ya no podemos controlar lo que va a suceder; ni tampoco podemos ponerle palabras de explicaciones humanas. Entonces es más fácil, desechar lo incomprensible del Espíritu y llevar la cosa en la medida que la podamos manejar. Esta actitud desgraciadamente ha invadido a la Iglesia, haciéndola en su mayoría inefectiva, sin poder, carnal y muerta.

Pero Dios está volviendo a tocar a la puerta, para que entendamos verdades que nos van a llevar a la plenitud con El, a través de una vida llena de Su conocimiento y de un espíritu investido de Su poder y de Su sabiduría. Una vida que ha crucificado la carne en forma verídica.

"Pero los que son de Cristo HAN CRUCIFICADO la carne con sus pasiones y deseos"

—*Gálatas 5:24*

La carne entonces ligada íntimamente a la iniquidad, sirve a la ley del pecado y de la muerte y se opone a la vida del espíritu, matando en muchos casos la vida espiritual del creyente.

En el libro a los Romanos vemos la clara lucha entre las dos simientes y el resultado de ésta va a determinar nuestro destino final.

"Ahora, pues, ninguna condenación hay en Cristo Jesús, para los que no andan conforme a la carne sino conforme al espíritu.

Porque LA LEY DEL ESPÍRITU DE VIDA en Cristo Jesús me ha librado de la LEY DEL PECADO Y DE LA MUERTE. "

—Romanos 8:1 y 2

Note en este pasaje cómo Dios aclara que no hay condenación alguna, para los que andan conforme al espíritu. No dice que no hay condenación para todo aquel que dice "Señor, Señor". Sino para los que no andan conforme a la carne sino conforme al espíritu. Después de esto, el Apóstol menciona las dos leyes que se oponen entre sí: la ley del Espíritu de vida gobernada por Cristo a través de una vida espiritual; Y la ley del pecado y de la muerte dirigida por el diablo por medio de la iniquidad.

Mientras la iniquidad no sea erradicada, mantendrá al creyente atado en los terrenos de la carne, por un lado tratará de llevar una vida espiritual, puesto que ama a Jesús, pero inevitable será arrastrado a hacer conjeturas carnales. Por lo general en sus decisiones será inducido a hacer lo que su mente o sus emociones le indiquen. Su opinión en asuntos espirituales será muchas veces contaminada por pensamientos religiosos. Tendrá un crecimiento lento. Manifestará negativismo y su fe, unos días será alta y otras baja y hasta nula. La iniquidad siempre trae consigo sentimientos de culpa y se esforzará por tratar de quitarle la paz y llenarlo de muerte.

La iniquidad tiene por objetivo hacernos permanecer enfocados a este mundo. Es enemiga de la cruz, y tratará de evadirla a toda costa. Como ministerio a las naciones he recibido invitaciones a predicar donde específicamente me prohíben hablar de la cruz, o de nada que pueda ofender la comodidad de la iglesia. Obviamente no acepto dichas invitaciones. En muchos seminarios aún se enseña, que si se quiere tener una iglesia numerosa lo mejor es hablar lo menos posible de la cruz y del pecado. Muchos ministros de Dios son atrapados en las redes de la iniquidad cuando en la apariencia de espiritualidad están buscando tener grandes ministerios en ESTE MUNDO, anhelan la fama DE ESTE MUNDO, quieren el reconocimiento de los grandes ministerios y el favor de los hombres. Es por eso que muchas veces la predicación de la palabra es comprometida lo mismo que la libertad del Espíritu, porque la iniquidad tiene sus ojos en el temor del hombre antes que en el temor de Dios.

"Hermanos, sed imitadores de mí y mirad a los que se conducen según el ejemplo que tenéis en nosotros. Porque por ahí andan MUCHOS, de los cuales os dije muchas veces, y aún ahora lo digo llorando, que son enemigos de la cruz de Cristo; el fin de los cuales será perdición, cuyo Dios es el vientre, y cuya gloria es su vergüenza; que solo piensan en lo terrenal."

—*Filipenses 3:17-19*

El espiritual está satisfecho con lo que Dios quiera para él; si es un ministerio grande, qué bueno y si no también. Lo importante es hacer la voluntad de Dios aunque implique perderlo todo aquí para ganarlo todo en el cielo.

"Porque los que son de la carne, piensan en las cosas de la carne; pero los que son del Espíritu en las cosas del espíritu. Porque el ocuparse de la carne es muerte; pero el ocuparse del Espíritu es vida y es paz. Por cuanto los designios de la carne son enemistad contra Dios; porque no se sujetan a la ley de Dios ni tampoco pueden."

—Romanos 8:5-7

Una cosa que yo veo con claridad en la escritura es que no se puede SER del Espíritu y SER de la carne al mismo tiempo. O se es del uno o se es de la otra. El SER del Espíritu implica un camino, una forma de vivir y de actuar, y objetivos muy diferentes a los de este mundo. Por algún lado se infiltró en la Iglesia la teoría que se puede ser de la carne y del Espíritu y que la justicia de Dios nos justifica, no importa cómo vivamos. Esto es un grave error, que ha dado como resultado en muchos casos, una iglesia llena de pecado, de muerte espiritual, de enfermedades, de religión y carente del poder y de la victoria de Jesucristo. Una iglesia que en su mayoría no tiene la menor idea de lo que es vivir por el Espíritu.

Creo que Dios nos está llamando a detenernos, y revisar muchas doctrinas que venimos arrastrando, y revisarlas a la luz de los resultados prácticos que éstas han producido.

3

La Justificación Verídica, Nos Libra De Iniquidad

Los principios fundamentales de la fe, que estoy por exponer en este capítulo, los expongo quizás desde una profundidad diferente a lo que normalmente escucho que se predica hoy en día. Están desarrollados bajo un entendimiento profético y apostólico que lo cimentará como edificio de Dios capaz de contener Su gloria postrera.

1.- La justificación desde el enfoque de una nueva reforma apostólica

Sería imposible tocar el tema de la iniquidad y cómo encontrar nuestra liberación de ella, sin entender con claridad el sacrificio justificador de Cristo en el calvario. Muchas malas interpretaciones se han cometido en el entendimiento de este fundamento, que mantienen a millones de personas en el error, creyendo que tienen una salvación que en realidad nunca han adquirido.

Dios está restaurando todas las cosas antes de su venida, y una de las más importantes, es la predicación del evangelio verdadero de Jesucristo, en todo Su poder y Su gloria. Yo creo profundamente en la obra de la cruz, es mi vida y por ella vivo. Creo en su absoluto poder justificador, redentor y sanador. Creo que somos salvos por gracia por medio de la fe; de una fe con frutos y obras poderosas en Dios.

Pero también creo que hemos diluido tanto la predicación del verdadero evangelio, tratando de atraer gente a los pies de Cristo, que le hemos quitado en muchos casos los ingredientes básicos de salvación.

Hemos reducido un evangelio transformador pero confrontador a la vez, en una sencilla y dulce "oración del pecador" carente de realidad espiritual y de compromiso. Una oración en la cual una gran cantidad de gente que la hace no tiene la menor convicción de pecado, ni deseo alguno de dejar el mundo para seguir a Jesús.

Los llenamos de promesas maravillosas, haciéndoles creer que todas las bendiciones de Dios vendrán sobre ellos, porque ahora Dios los considera "Justos" aunque sus vidas estén llenas de pecado y de injusticia. Y la realidad es que la gran mayoría de la iglesia vive en grandes derrotas, en desiertos interminables. "Teniendo nombre de que viven, pero estando muertos".

La justificación por medio de la fe, se produce, cuando yo creo con todo mi corazón que Jesús ha tomado mis pecados en su cruz, y yo pongo mi vida en esa cruz para vivir por ella; cuando tomo la decisión de dejar atrás mi vieja manera de vivir, porque estoy sinceramente arrepentido y avergonzado de que mis obras hayan llevado a Jesús a un sacrificio tan terriblemente cruel y doloroso.

La unión con Cristo es como un matrimonio, de hecho Pablo hace esta comparación en su epístola a los Gálatas. Cuando alguien se une en matrimonio, deja su vieja forma de vivir como soltero, deja la casa de sus padres y se une en un firme compromiso a su mujer. Lo mismo es cuando nos unimos a Cristo: Dejamos nuestra vieja forma de vivir, y nos unimos en un mismo Espíritu con el Señor.

Sin embargo hoy se vive en muchos casos un evangelio, sin compromiso, en el cual vivir bajo la vieja estructura de pecado no tiene la menor importancia. Viven bajo la creencia que son justificados por la gracia y que entrarán al Reino de los cielos hagan lo que hagan, porque un día dijeron con su boca: "Señor ven a vivir en mi corazón". Esto es una peligrosa mentira.

Si bien la gracia es el regalo inmerecido de Dios, y la salvación no requiere que nosotros hagamos OBRA alguna para poder ser salvos; Sí es un requisito irremplazable que se entre por medio de la CRUZ.

La cruz no es una opción más, es LA PUERTA ESTRECHA, que conduce a la salvación. Y es ahí donde el alma ARREPENTIDA entrega su vida, con el firme propósito de empezar una vida nueva, dejando atrás la práctica del pecado. Esto es, la forma mundana, y pecaminosa con que se había conducido en el pasado.

"Entrad por la puerta estrecha; porque ancha es la puerta, y espacioso el camino que conduce a la perdición, y muchos son los que por ella entran; Porque estrecha es la puerta y angosto el camino que lleva a la vida, y pocos son los que la hallan."

—*Mateo 7:13-14*

2.- ¿Que es invocar el nombre del Señor?

Invocar el nombre de Jesús es algo poderosísimo pero que implica una acción de nuestra parte. Invocar significa "llamar adentro". Esto es llamar al Espíritu del Dios viviente que venga a nosotros y se una a nuestro espíritu.

Este paso indispensable para nuestra salvación requiere que sea hecho en el orden de Dios ya que constituye el fundamento de nuestra fe.

"Pero el fundamento de Dios está firme, teniendo ESTE SELLO: Conoce el Señor a los que son suyos; y: apártese de iniquidad todo aquel que invoca el nombre de Cristo."

—*2ª Timoteo 2:19*

Este punto, me parece esencial por lo que le pido que abra su corazón para entender en forma profunda una verdad tratada con demasiada liviandad por una gran parte de la iglesia de hoy.

Lo primero que tenemos que entender es que para que el Espíritu de Dios venga sobre nosotros, es elemental tomar la decisión de alejarse de iniquidad. Y una vez que él desciende a nuestra vida, tenemos que asirnos de él para mantenernos en santidad.

Todos quieren ser sellados por el Espíritu de la promesa, pero el sello se establece al invocar en forma verídica el nombre de Cristo. Esto no sucede con una sencilla oración llena de ignorancia. Sino en un acto de plena convicción, en el cual con todo mi corazón decido cambiar mis caminos, para alejarme de iniquidad y vivir en justicia.

"Porque con el corazón se cree PARA JUSTICIA y con la boca se confiesa para salvación"

—*Romanos 10:10*

3.- Hay que creer con el corazón, no con la mente.

Este creer con el corazón implica la firme determinación de caminar en la justicia que proviene de Dios y tomar de Su gracia todo el poder que necesitamos para conformarnos a esa justicia.

No es un "yo creo en Dios" y hago lo que se me pegue la gana, porque al fin Dios me considera justo. El apóstol Santiago se refiere a esta forma de creer, como una fe ineficaz, ya que no va acompañada de las obras de la fe. El dice:

"Tu crees que Dios es uno; Bien haces. También los demonios creen y tiemblan ¿Mas quieres saber hombre vano, que la fe sin obras esta muerta?"

—*Santiago 2:19-20*

Es en el corazón donde se encuentra el sistema de creencia en nuestro ser. El corazón es el único que tiene la fuerza interna para determinar el cambio de una dirección en nuestra vida. La mente reflexiona y acepta pero carece del poder para romper estructuras de comportamiento. Las decisiones determinantes en una vida solo se pueden tomar con el corazón, o serán tan solo fantasía, o hipocresía.

Watchman Nee, el famoso teólogo de principios del siglo pasado escribió, en su libro "El Hombre Espiritual":

"Todo lo que pertenece al hombre natural, como por ejemplo el yo del creyente, debe pasar por la muerte de la cruz. Si esto es solo una idea o un concepto, tal vez la mente lo acepte, pero si es algo que deba ponerse en práctica, la mente inmediatamente lo rechazará." (tomo 2 pg. 314)

Entrar por la puerta de la cruz, humillarse, obedecer, renunciar a los placeres y rudimentos del mundo, solo el corazón puede determinar este tipo de decisión.

El Dr. Nee también asentó en ese mismo libro:

Muchas personas se llaman cristianas, pero lo que creen es filosofía, ética y doctrinas acerca de la verdad o algunos fenómenos sobrenaturales. Creer esto no produce un nuevo nacimiento, ni les concede a las personas un espíritu nuevo." (tomo 2 pg. 299 español)

Cuando se cree tan solo con la mente, podemos saber la Biblia de memoria, o recitar "el credo" y ninguna de estas cosas conlleva al nuevo nacimiento.

Es el corazón el órgano de nuestra alma que se encuentra íntimamente ligado a nuestro espíritu. Y solo por medio de él es que podemos arrepentirnos, para un cambio radical de vida.

4.- Es necesario dejar la antigua forma pecaminosa de vivir.

El Apóstol Juan colabora lo que estamos afirmando, haciendo hincapié que ese caminar en iniquidad creyéndose justo es un terrible engaño. Recordemos que la iniquidad y la justicia se oponen radicalmente y si tuvieran que coexistir toda la vida de un supuesto creyente, éste se encontraría en un lamentable y terrible estado de juicio durante toda su existencia. Esto es porque la justicia inevitablemente juzga la iniquidad.

"Y sabéis que El apareció para quitar nuestros pecados, y no hay pecado en el. Todo aquel que permanece en El, NO PECA (No vive en la practica de pecado); todo aquel que peca no le ha visto ni le ha conocido. Hijitos NADIE OS ENGAÑE; el que hace justicia es JUSTO, como El es Justo. El que practica el pecado es del diablo; porque el diablo peca desde el principio. Para esto apareció el Hijo de Dios, para deshacer las obras del diablo. Todo aquel que es nacido de Dios no practica el pecado, porque la simiente de Dios permanece en él; y no puede pecar porque es nacido de Dios.

En esto se manifiestan los hijos de Dios y los hijos del diablo: todo aquel que no hace justicia y que no ama a su hermano, no es de Dios"

—1ª Juan 3:6-10

Cuando el hijo de Dios se manifiesta en el corazón del hombre que ha invocado su Nombre, esto tiene un efecto poderosísimo. Cristo se levantará con poder para deshacer toda la iniquidad y las obras que el diablo ha edificado en el verdadero creyente. Juan, quien entiende profundamente la acción de la divina simiente engendrada en el hombre, sabe sin lugar a dudas que la presencia de Cristo en el espíritu y en el corazón del hombre, lo mantendrá alejado de una vida de pecado. Y el diablo no podrá tocar a un hijo de Dios.

"Sabemos que todo aquel que es nacido de Dios NO PRACTICA EL PECADO, pues Aquel que fue engendrado por Dios le guarda Y EL DIABLO NO LO PUEDE TOCAR."

—*1ª Juan 5:18*

El evangelio es un llamado a una genuina conversión, la cual literalmente nos traslada del reino de las tinieblas a la luz.

Cuando el Apóstol Pablo se convierte en el camino de Damasco, el Señor le habla muy claramente de su llamado diciéndole:

"...porque para esto me he aparecido a ti, para ponerte por ministro y testigo de las cosas que has visto... librándote de tu pueblo y de los gentiles a quienes ahora te envío, para que abras sus ojos, para que se conviertan de las tinieblas a la luz, de la potestad de Satanás a Dios."

—*Hechos 26:16b-18a*

El mero hecho que el Señor use esta palabra "Trasladar" implica un cambio de localidad. Esto significa que no se puede estar en dos lugares al mismo tiempo. Trasladar quiere decir DEJAR un lugar para dirigirme a otro. Gente que quiere estar en el mundo y en Cristo al mismo tiempo, nunca ha sido trasladada, nunca ha dejado de estar bajo la potestad de Satanás.

Es necesario que sus ojos sean abiertos, que vean la condición de su alma con relación a Dios y que decidan dejar las tinieblas, solo entonces se pueden CONVERTIR a la luz.

5.- ¿Todos los que se dicen ser salvos, lo son realmente?

El verdadero evangelio, es el auténtico poder de Dios para arrancarnos de una vana, carnal e inicua manera de vivir y producir en forma genuina, nuevas criaturas poderosas en él y llenas de su gloria.

Cuando Dios empezó a traer Su unción apostólica sobre mi vida, empecé a ver cosas en la Palabra, que nunca antes había visto. El Señor empezó una auténtica reforma en mi interior para poder ser parte de la preparación de su Iglesia para Su segunda venida. Me ha hecho releer la Biblia muchas veces reestructurando verdades tan fundamentales, que anteriormente solo había aceptado en una forma pragmática de la manera que me las enseñaron. Nunca las cuestioné, hasta que la evidencia de una Iglesia hundida en pecado en su gran mayoría y el dolor que siento por ella me hicieron profundizar en la escritura en una forma diferente.

Por eso sé, porque lo vivo, que la simiente de Dios y la vida del Espíritu, no se mezclan con una vida en iniquidad y en práctica de pecado.

Hoy queremos hacer, herederos de las promesas de Dios a gente que jamás se ha arrepentido en forma genuina. Gente que quiere, como dice la corriente de este siglo:" lo mejor de los dos mundos". Quieren todas las bendiciones de Dios y todos los placeres de este mundo. Hoy la Iglesia llama "hijos de Dios, nacidos de nuevo" a fornicarios y a adúlteros, a homosexuales, a tramposos, a ladrones, a gente llenos de orgullo, de pornografía, de abusos y de fraudes. Hoy les llamamos bautizados del Espíritu, a gente llena de lascivia, de engaño, a gente llena de hechicería y de idolatría. Gente que no se toca el corazón para calumniar, para difamar y para destruir el precioso Cuerpo de Cristo.

"¿No sabéis que los injustos no heredarán el reino de Dios? NO ERREÍS; ni los fornicarios, ni los idólatras, ni los adúlteros, ni los afeminados, ni los que se echan con varones, ni los ladrones, ni los avaros, ni los borrachos, ni los maledicientes, ni los estafadores, heredarán el reino de Dios".

—*1 Corintios 6:9-10*

Este versículo lo escribió el mismo Apóstol Pablo, quien declaró también la famosa frase de la fe: "Con el corazón se cree para justicia y con la boca se confiesa para salvación."

El evangelio que yo veo que predicaban los Apóstoles, conducía a la gente a cambios substanciales en sus vidas. No en forma hipotética, o una posición teológica, sino en una práctica genuina de la santidad que Jesús compró para nosotros en la cruz. La Iglesia primitiva creció en el TEMOR DE DIOS y en su Justicia. Honraron lo que Jesús hizo por ellos viviendo una vida que glorificaba a Dios.

"Y perseveraban en la doctrina de los Apóstoles, en la comunión unos con otros, en el partimiento del pan y en las oraciones. Y sobrevino TEMOR a toda persona"

—*Hechos 2:42 y 43ª*

Para ellos era claro que no se podía SER de la carne y Ser del Espíritu como hoy se cree, que se puede ser de Cristo y del mundo a la vez.

Pablo hace muy clara esta distinción como parte básica de "la doctrina de los Apóstoles":

"Porque lo que era imposible para la ley, por cuanto era débil por la carne, Dios enviando a Su Hijo en semejanza de carne de pecado y a causa del pecado, condenó al pecado en la carne, para que la JUSTICIA que es por la ley SE CUMPLIESE EN NOSOTROS, QUE NO ANDAMOS CONFORME A LA CARNE SINO CONFORME AL ESPÍRITU."

—*Romanos 8:3 y 4*

La genuina conversión traslada al creyente a una vida en el Espíritu. Note cómo en el pasaje a los Romanos que acabo de citar, la Justicia de Dios se cumple cuando dejando la vida carnal de pecado, el creyente vive ahora por el Espíritu.

Cuando Cristo verdaderamente entra en el espíritu del hombre, va a cambiar radicalmente la dirección de esa vida. Cristo viviendo en nosotros es una realidad espiritual que va a sacudirnos todo por dentro, nos va a romper todos los esquemas mundanos y pecaminosos. Va a tomar nuestro corazón con una fuerza poderosísima y lo va a sumergir en su luz resplandeciente. Esto va a producir en nosotros un cambio total de manera de pensar. Nuestra sed y nuestra hambre serán las cosas del cielo. Nunca más este mundo va a tener nada que nos atraiga. La simiente de vida que es Él en nosotros está llena de fuerza, de fuego, de resurrección, no es cualquier simiente, es DIOS VIVIENDO EN NOSOTROS.

Si Dios está habitando en forma real a alguien, este no puede permanecer en una vida de pecado. Es demasiado poderoso lo que sucede, cuando El Creador del universo entra en el corazón del hombre.

"Mas vosotros no vivís según la carne, sino según el Espíritu, si es que el Espíritu de Dios mora en vosotros. Y si alguno no tiene el Espíritu de Cristo, no es de él."

—*Romanos 8:9*

Lo que está diciendo aquí el Apóstol Pablo es que la evidencia de que el Espíritu de Dios habita realmente en una persona, es que ésta vive según el Espíritu. Ha dejado su forma pecaminosa de vivir y ahora es guiada por el Espíritu de Cristo.

"Porque todos los que son guiados por el Espíritu de Dios estos son hijos de Dios"

—*Romanos 8:14*

Ser guiados por Dios significa: oír su voz, en nuestra conciencia, en Su Palabra, aún en nuestros sueños o en la palabra profética que El nos pueda hablar. Tener como ancla segura el "Temor de Dios" que viene por el Espíritu de Dios y que nos guarda en sus mandamientos y en sus caminos. El evangelio poderoso de Jesucristo, es un llamado a seguirlo a él. No es una formulita, ni una oración en ignorancia y sin compromiso.

La salvación radica en la respuesta del hombre, al sacrificio de Cristo, entregando verdaderamente la vida, para ser transformados por su poder. Es el dejar nuestra vieja forma de vivir, para volvernos a él. Mientras esto no sea, la determinación de nuestro corazón, aún no hemos alcanzado la salvación. Podemos estar conduciendo nuestros pasos para acercarnos a ella, pero no se consumará el sello, hasta que pongamos nuestra vida en forma genuina en la cruz. Unos deciden ir en pos de él y entregan sus vidas en forma radical, con una sencilla oración que sale de lo más profundo de su ser y son sellados en ese momento. Otros, no tan decididos se van acercando a él poco a poco, hasta que finalmente rinden sus corazones totalmente para recibir su salvación. Otros solo tienen la oportunidad de hacer una oración antes de morir y esto le es suficiente a Dios para salvarlos.

Los tiempos y el corazón de cada hombre son diferentes, no podemos hacer una formula y meterlos a todos a adentro de ella.

"Los que SON DE CRISTO HAN, crucificado su carne con sus pasiones y deseos"

—*Gálatas 5:24*

No dice: Van crucificando su carne poco a poco, según Dios va tratando con ellos; como se predica hoy en día.

La salvación no es el versículo de Romanos 10:8-9 aislado de la profunda comprensión del nuevo testamento. **Es parte de una serie de verdades que lo complementan y que le dan sustancia, contenido y forma.** Tomarlo como una oración aislada de su verdadero significado con el fin de obtener creyentes de "Micro-ondas" para llenar la membresía de las iglesias es un error garrafal, que Dios quiere enderezar.

Dios está restaurando no solo la predicación de Su evangelio, sino también la forma de entender lo que éste significa. La forma de apreciar la perla de gran precio que él nos ha dado. La forma de vivir como cuerpo de Cristo, no vituperando Su nombre con injusticias de toda índole, sino levantándolo en la honra que él se merece, viviendo una vida santa para él.

6.- Hay diferencia entre ser "pecador" y ser un cristiano inmaduro.

La Biblia considera "pecador" a quien vive bajo la practica del pecado.

Esto es vivir conforme a los rudimentos y pasiones de este mundo. El que peca voluntariamente como una forma de vida, ignorando el sacrificio de Cristo. Ya sea que nunca haya escuchado el evangelio o que tenga conocimiento de él.

Ninguno de los Apóstoles, que escribieron el nuevo testamento, consideraron a alguien en práctica de pecado como alguien "nacido de nuevo" ni mucho menos le llamaron "lleno del Espíritu Santo". La Biblia hace una sustancial diferencia entre ser un pecador y ser un cristiano inmaduro.

Una cosa es ser carnales y niños en Cristo y decir "Yo soy de Pablo y el otro, yo soy de Apolos" (1Corinitios 3:1-7), y otra es ser un adúltero, uno que roba, o engaña con dolo a su hermano. O uno que consulta adivinos llamándose creyente.

Una cosa es no tener una mente renovada, y ofendernos por que alguien nos hirió y otra es cometer un fraude o estar pegado a la pornografía en el Internet.

Y aunque para Dios todos los pecados ensucian el alma o el espíritu, Hay pecados de muerte y hay pecados de inmadurez.

"Si alguno viere a su hermano cometer pecado que no sea de muerte, pedirá y Dios le dará vida; esto es para los que cometen pecado que no sea de muerte. Hay pecado de muerte por el cual yo no digo que se pida.Toda injusticia es pecado; pero hay pecado no de muerte. Sabemos que todo aquel que ha nacido de Dios, no practica el pecado, pues aquel que fue engendrado por Dios le guarda, y el maligno no le toca."

—1 Juan 5:16-18.

Hay algunos teólogos que sugieren que este pasaje se refiere a la blasfemia contra el Espíritu Santo; sin embargo en todo el contexto de esta carta, Juan no menciona ese tema. Lo que si es contundente en todo este manuscrito del Apóstol, es la profunda revelación que él tenía en cuanto a los que son de Dios y los que no son de él. Continuamente está tocando, a lo largo de la epístola, la importancia de no practicar el pecado. Esto me lleva a deducir que Juan se refiere a todo lo que es pecado conforme a la ley de moisés, los pecados que todos sabemos que son pecados.

Mantenerse santo, sin practicar los pecados con los que el mundo peca, no significa ser legalista ni es "vivir conforme a la ley". Es "vivir conforme al Espíritu", porque es a lo que nos conduce el ser guiados por el Espíritu de Dios.

El mismo Jesús dijo:

"No penséis que he venido para abrogar la ley o los profetas; no he venido para abrogar, sino para cumplir. Porque os digo que si vuestra justicia no fuere mayor que la de los escribas y fariseos, no entraréis en el reino de los cielos"

—Mateo 5:17 y 20

Con esto no quiero decir, que alguien no pueda tropezar y caer eventualmente en una falta. Bien dice la Palabra: "Y si pecaremos, abogado tenemos en el cielo"

Me refiero a la falsedad que existe en gente, que lleva ya tiempo en el Señor, y sigue amando el mundo y practicando el pecado, creyendo que irá al cielo por gracia. Gente que jamás ha tenido un encuentro verdadero con lo que es el sacrificio de Jesús, en relación a su propia vida. Y creen que son salvos porque repitieron una oración que alguien hizo por ellos.

Volviendo al tema, veamos como el mismo San Pablo hace también la diferencia entre "pecador" y "cristiano carnal o inmaduro".

Si leemos con atención sus epístolas a los Corintios nos daremos cuenta, que la iglesia tenia gente inmadura, había divisiones y contiendas, celos, pero no práctica de pecado de muerte. La prueba de esto, es que es hallado UN HOMBRE que ha cometido incesto. Este caso es tan renombrado y tan insólito que en sus dos epístolas es digno de mencionarlo como algo inaudito.

"Más bien os escribí que nos os juntéis con ninguno que llamándose hermano, fuere fornicario, o avaro, o idólatra, o maledicente, o borracho, o ladrón; con el tal ni aun comáis".

"Porque a los que están afuera, Dios los juzgará. Quitad pues a ese perverso de entre vosotros"

—*1 Corintios 5:11 y 13*

Y en su segunda epístola les escribe con una tremenda carga por ese hombre:

"Pero si alguno me ha causado tristeza, no me la ha causado a mí solo, sino en cierto modo a todos vosotros. Le basta a tal persona esta reprensión hecha por muchos."

—*2 Corintios 2:5-6*

Note cómo esto no era el común denominador de la iglesia. TODOS estaban en gran tristeza por uno solo que había caído en pecado.

Jesús jamás comprometió sus principios para ganar almas y tener más seguidores.

Al Joven rico, que se acerca a él y le pregunta cómo puede entrar al reino de los cielos, le responde con algo que lo sacude y lo aleja de él.

"Entonces vino uno y le dijo: Maestro bueno, ¿Qué bien haré para tener vida eterna?El le dijo:....Mas si quieres entrar en la vida, guarda los mandamientos. Le dijo: ¿Cuáles? Y Jesús dijo: No matarás. No adulterarás. No hurtarás. No dirás falso testimonio. Honra a tu padre y a tu madre; y amarás a tu prójimo como a ti mismo. El joven dijo: Todo esto lo he guardado desde mi juventud. ¿Qué más me falta? Jesús le dijo: Si quieres ser perfecto, anda, vende todo lo que tienes, y dalo a los pobres, y tendrás tesoros en el cielo; y ven y sígueme. Oyendo el joven esta palabra, se fue triste, porque tenía muchas posesiones"

—*Mateo 19:16-22*

Jesús no le acomodó el evangelio, para seducir su alma y hacer un prosélito.

Ni a los fariseos les habló con "sabiduría evangelística", para que lo siguieran. Jesús les hacía ver lo que había en sus corazones, para que se arrepintiesen los que habrían de seguirlo con todo su corazón.

Hoy en día se le diría a ese joven rico: No se preocupe, si no quiere dar su dinero, (o su amante, o su ídolo, o su alcoholismo, o su odio etc.) de todas maneras Jesús le ama y dio su vida por usted. Permítame hacer una oración con usted y hoy Jesús vendrá a vivir en su corazón.

¿De verdad, cree que vendrá? SELAH

¿Qué estamos haciendo, con un evangelio que tiene poder verdadero para salvar?

El verdadero amor con que Dios nos ama, es un amor que, con gran misericordia nos muestra lo que esta mal en nosotros, para podernos reconciliar con el Padre. Esta es la misión de Jesucristo, la reconciliación. Para que esto suceda tiene que llevarnos a entender cuanto dolor le causa al Padre nuestro pecado.

El pecado hiere profundamente el corazón de Dios, e hirió profundamente el cuerpo y el alma de Jesús. No podemos seguir predicando un evangelio que omita esta confrontación.

7.- Llamados a ser una nueva creación en Cristo.

Dios quiere que entendamos en profundidad lo que significa ser una nueva creación en Cristo. Este es uno de los fundamentos más importantes de nuestra vida y Dios está trayendo una luz nueva y fresca para que lo comprendamos con claridad.

Siendo quizás uno de los temas más predicados en las iglesias es a la vez uno de los menos entendidos. Así que abra su corazón porque quiero que reciba esta poderosa verdad a la luz de una nueva reforma apostólica.

"De manera que si alguno está en Cristo, nueva criatura es; las cosas viejas pasaron; he aquí todas son hechas nuevas"

—*2 Corintios 5:17*

Qué no es, ser una nueva creación.

Ser una nueva creación, no significa ser aceptados como miembros de una iglesia. Tampoco significa un cambio de religión, ni de denominación.

No es cambiar hábitos de conducta, ni de moral. No es dejar de ir a fiestas mundanas, para ahora asistir a la iglesia todos los días.

No es dejar los amigos del mundo y ahora tener amigos cristianos, ni es tampoco leer la Biblia y tomar todos los cursos de educación cristiana.

Todo esto se puede llevar a cabo sin jamás llegar a ser una nueva creación en Cristo. De hecho cualquier sistema religioso que incluya el nombre de Jesús, ofrece todas estas cosas. Me refiero a instituciones como la Iglesia romana, o Los testigos de Jehová, o los mormones, o La luz del mundo y otros cultos seudo-cristianos, aún los masones.

La religión es la alternativa que ofrece el diablo, para hacernos creer que estamos bien con Dios bajo un velo de apariencia de piedad, pero negando la eficacia de la misma. Nos hace creer que la forma externa de la letra puede suplantar la esencia del Espíritu.

Esto es tan sutil, que tiene engañados a millones de "Cristianos aparentemente nacidos de nuevo".

Es por eso que el Espíritu enuncia frases como:

"Yo conozco tus obras, que tienes nombre de que vives pero estás muerto"

—*Apocalipsis 3:1*

"Estos son manchas en vuestros ágapes (reuniones) que comiendo impúdicamente con vosotros se apacientan a sí mismos; nubes sin agua, llevadas de acá para allá por los vientos; árboles otoñales, sin fruto, dos veces muertos y desarraigados"

La nueva creación es la resurrección de nuestro espíritu.

La nueva creación, no es lo que hagamos religiosamente sino en lo que nos convertimos. La conversión no es la adopción de una nueva filosofía sino **un cambio en la esencia de nuestro ser.**

Algo nuevo y maravilloso va a empezar a operar dentro de nosotros. Algo que no existía en nuestro interior, ni puede ser FABRICADO por el hombre. Esto es la resurrección de Cristo dando vida a nuestro espíritu. O en otras palabras, el poder de la resurrección actuando en nosotros. Esto va a dar a luz una criatura totalmente diferente a nuestra alma. Es una criatura espiritual. Está viva y es poderosísima. Contiene en ella misma toda la gloria de la resurrección.

Si bien la carne es la estructura conformada por los principios de una naturaleza caída; **La nueva creación es la estructura espiritual conformada por la naturaleza divina.**

¿Cómo se llega a ser esta nueva creación?

Lo primero que tenemos que entender es que el espíritu del hombre natural esta muerto, por causa del pecado.

"La paga del pecado es muerte". Esto quiere decir que nuestro espíritu carece de la vida de Dios en él. Esta muerte es la separación entre Dios y el hombre.

En una gran mayoría de los seres humanos, su espíritu se encuentra en un estado letárgico. Está dormido y sin la menor interacción con el alma, en cuanto a Dios. En otros, este ha sido despertado por espíritus de las tinieblas que lo activan para ser usado en el ocultismo, la nueva era, el budismo Zen, la contemplación acética, el control mental, o el consumo de drogas alucinógenas. Por eso es, que la gente que ha estado involucrada en estas prácticas llegan a tener experiencias espirituales.

En contadas excepciones Dios llega a despertar él mismo el espíritu en un inconverso que no conoce a Jesucristo, como lo hizo en el caso de Cornelio, el primer gentil que recibe el evangelio a través del Apóstol Pedro. Esto también se ha dado en gente que sin conocer al Señor reciben una revelación de Dios que despierta sus espíritus, para eventualmente reconciliarse El.

El espíritu es la parte más poderosa del hombre, y el diablo lo sabe muy bien, es por eso que él está muy interesado en activarlo para poder controlar el mundo espiritual a través de sus seguidores.

La parte del hombre que es eterna es su espíritu, el alma tan solo se adhiere a este, para seguirlo en su destino final. El alma fue creada para ser el medio de interpretación entre el mundo natural y el espiritual, siendo el espíritu el gobernante general de nuestro ser. Después de la caída, el alma controlada entonces por el diablo tomó el gobierno de nuestro ser; Pero ya sea vivo o muerto, despierto o dormido el espíritu del hombre sigue siendo la esencia de quien él realmente es.

Por eso es que la salvación o la condenación se dan a nivel del espíritu.

Por más viva que esté el alma, por más buena que esta sea, su destino final depende de la condición del espíritu.

Un espíritu que no haya sido vivificado por la unión con Cristo. Sigue en su estado de muerte. Lo único que puede reconciliar al hombre con Dios, es que Cristo resucite su espíritu. Es en el espíritu donde se produce el puente entre Dios y el hombre. Esto no se da, a nivel alma. El alma no tiene vida o muerte (en sentido eterno) por sí misma, es tan solo un instrumento para funcionar en el mundo material, animal.

El hombre ES ESPIRITU. Esta es su esencia vital y es ahí el único lugar donde puede recibir salvación.

La salvación y el nuevo nacimiento no se llevan a cabo a través de una mecánica intelectual. Es un asunto del espíritu.

El espíritu tiene que ser engendrado por el Espíritu de Dios.

"Y a todos los que le recibieron a los que creen en su nombre les dio potestad de ser hechos hijos de Dios, los cuales no son engendrados de sangre, ni de voluntad de carne, ni de voluntad de varón, sino de Dios"

—Juan 1:12-13

No es la voluntad de la carne, como acabamos de leer la que produce este engendramiento sino Dios que lo concede. Dios trae su preciosa semilla de vida y la siembra en nuestro espíritu. Esto se da cuando de corazón sincero y arrepentido le entregamos nuestro ser a Dios y somos bautizados.

"Pedro les dijo: Arrepentíos y bautícese cada uno en el nombre de Jesucristo para perdón de los pecados; y recibiréis el don del Espíritu Santo…Así que los que recibieron su palabra fueron bautizados; Y se añadieron aquel día como tres mil personas."

—*Hechos 2:38 y 41*

En el nuevo testamento la verdadera consumación de la fe en que habían creído era inmediatamente confirmada por el bautismo.

"El que creyere y fuere bautizado será salvo"

—*Marcos 16:16*

Es en el bautismo donde se lleva a cabo la unión del Espíritu de Dios y del hombre, para que sea engendrada una nueva criatura espiritual que irá creciendo a semejanza de Dios.

La vida de Dios en nosotros es vida de resurrección, todo el poder con que Jesucristo fue levantado de los muertos es ahora lo que mora en nuestro espíritu.

El bautismo no es entrar a las aguas en el nombre de Jesús. Es la decisión de morir a nuestra vida de pecado para renacer en El. Es crucificar este mundo con sus deseos y pasiones de la misma manera en que Jesús lo hizo.

"Porque somos sepultados juntamente con él para muerte por el bautismo, a fin de que como Cristo resucitó de los muertos nosotros también andemos en vida nueva.   Porque si fuimos plantados juntamente con él en la semejanza de su muerte, así también lo seremos en la de su resurrección.

Sabiendo esto, que nuestro viejo hombre fue crucificado juntamente con él, para que el cuerpo de pecado sea destruido, a fin de que no sirvamos más al pecado."

—*Romanos 6:4-6*

Aquí es muy claro que Cristo es el modelo a seguir en lo que es realmente el bautismo; Es por eso que resalto las palabras "a fin de que como Cristo". El diseño es primero la muerte, luego la resurrección. El bautismo es un diseño de muerte. Sino entramos a las aguas con la firme convicción de morir al pecado, entonces tan solo nos hemos mojado. El agua no tiene poder de salvación; es la decisión de morir para después resucitar. Esto tiene que ser hecho de todo corazón y en toda conciencia.

Hay gente que pasa por las aguas como un mero requisito religioso, pero sin una convicción genuina de seguir a Jesucristo con todo su ser. Quizás tienen necesidad de ser aceptados, o quieren formar parte de un grupo para sentirse integrados en la sociedad. Otros lo hacen para quedar bien con la esposa o viceversa, como quien va a sacar un pasaporte, pero sus corazones no han tenido un deseo de morir con Cristo. Conozco casos que pasan por las aguas porque quieren conquistar una señorita hermosa de la iglesia. O porque se sienten frustrados en sus carreras o fracasados en sus negocios y quieren ver si "Su suerte" cambia con esto del "Cristianismo". Hay gente que se une a una iglesia porque simplemente son flojos, que quieren que "los misericordiosos hermanos" les resuelvan todos sus problemas. Otros, que se bautizan por que alguien en el grupo los animó en el último momento el día de los bautizos. Otros porque sintieron la presión de la familia.

Así puedo citar tantos casos con los que me encuentro al ministrar personas en las iglesias.

En todos estos casos ni el bautismo, ni el engendramiento divinos se llevaron a cabo, fue tan solo un acto religioso. **"No somos engendrados por voluntad de carne"**. Es por eso que con el tiempo no ven ni cambios, ni fruto. Por eso vemos tan poca gente involucrada en la iglesia. Les parece tedioso orar, no saben ni cómo hablar para evangelizar, y cuando se habla de diezmar, buscan cualquier excusa con tal de no dar.

La nueva creación es real, afecta todo nuestro ser, invade nuestra mente, destruye el cuerpo de pecado. Es luz visible y poder de Dios. Es evangelizadora por naturaleza, esta llena de vida y de fuego, porque es Dios mismo unido al hombre.

De la misma manera en que Jesús murió y luego salió en resurrección, así es esa vida nueva.

Cuando Cristo fue sepultado, sufrió una transformación poderosísima en esa tumba, de tal manera que el que salió del sepulcro era totalmente diferente al que entró en él. Ni aún los discípulos lo reconocían. El mismo Pablo dice refiriéndose a los apóstoles:

> "De manera que nosotros de aquí en adelante a nadie conocemos según la carne; y aun si a Cristo conocimos según la carne, ya no lo conocemos así"
>
> —*2 Corintios 5:16*

La nueva creación no es una manifestación de la carne, sino de nuestro espíritu que es transformado por la resurrección.

Una vez engendrado el espíritu empezará un crecimiento interior. Cada parte de nuestro espíritu irá siendo despertada y desarrollada. Una nueva sensibilidad empieza a percibirse. Cosas que antes nos gustaban, de pronto las aborrecemos. Nos sentimos ajenos a ambientes mundanos. Nos molesta oír palabras soeces; y sobre todo aborrecemos pecar y contristar al Espíritu Santo.

La nueva creación anhela las cosas de lo alto, no puede permanecer callada, tiene que contarle a todo el mundo acerca de Jesús, se complace en orar y en dar. Es valiente, y ama la justicia, esta llena del temor de Dios y de amor hacia el prójimo. Estima todo por basura, a fin de conocer a Jesús y el poder de su resurrección, como decía el Apóstol Pablo.

La resurrección no es tan solo el estado final de los hijos de Dios, cuando seamos levantados de entre los muertos. Es el poder que le da vida a esa nueva creación que ha sido engendrada en nuestro interior.

"Así también está escrito: que fue hecho el primer hombre alma viviente; el postrer Adán espíritu vivificante."

—*1 Corintios 15:45*

El Espíritu de Cristo engendra nuestro espíritu, y éste que estaba muerto, de pronto se llena de vida, es despertado a una realidad espiritual que no conocía, todo en él anhela las cosas de Dios. Esto no es algo hipotético, tiene que manifestarse esta nueva vida.

Sin embargo esta no es la experiencia de todo el que dice ¡Señor, Señor!

Es por causa de la iniquidad, que el espíritu de millones de personas en la iglesia, aun duerme. Es por esto mismo que muchos sienten como anclas que los detienen para que no den pasos resueltos hacia Dios.

Tienen los ojos velados para que nos les resplandezca el evangelio de la gloria de Jesucristo y puedan verdaderamente convertirse a Dios.

Están conformes, o tal vez abnegados llevando una vida religiosa.; Pero no ven en sus propias vidas el poder de Dios. Algunos saben muy bien que es lo que está mal y otros la verdad no tienen ni idea.

Por eso es que quizás este sea el libro más importante que haya caído en sus manos, para que pueda ver e identificar esta terrible escoria que nos ha cubierto a todos y que Dios quiere removerla de una vez por todas de nuestras vidas.

En el último capítulo explico como poder salir se ella y como verdaderamente empezar a gozar de todas las riquezas de la gloria de Dios que provienen de ser engendrados pos su espírtu.

4

La Operacion Y La Manifestacion De La Iniquidad

Si tratáramos de imaginarnos en una forma visual el cuerpo de iniquidad. sería como un torcido cordón negro que está dentro de nosotros en el área del espíritu. Éste está formado por cientos de nudos, y capas sobre capas que lo engruesan como si fueran trapos inmundos llenos de información y de pactos, que se han ido acumulando de generación en generación.

Esto es como si tuviéramos un tapón o una caparazón que continuamente estará bloqueando o estorbando la vida que quiere fluir de nuestro espíritu a nuestro corazón y de ahí a nuestra mente.

1.- La iniquidad produce sordera espiritual

Una gran cantidad de personas tienen obstruido el oído espiritual y no pueden escuchar la voz de Dios, por causa de estas capas de oscuridad que la iniquidad ha ido tejiendo en ellos.

"Se apartaron los impíos desde la matriz; Se descarriaron hablando mentira desde que nacieron. Veneno tienen como veneno de serpiente; **son como el áspid sordo que cierra su oído,** que no oye la voz de los que encantan por más hábil que sea el encantador."

Salmo 58:3-5

El plan de Dios es que todos oigamos la voz de Dios, esto no es tan solo para los profetas o en quienes se manifiesta el don de profecía. Toda la instrucción del Espíritu Santo está basada en nuestra habilidad de oír a Dios. Denominaciones enteras se han cerrado a esta verdad esencial de la vida cristiana, aludiendo que Dios ya no habla hoy. Nada es más equivocado que pensar de esta manera. Jesús dijo:

"Mis ovejas oyen mi voz y me siguen" y cuando lo dijo no se había escrito el Nuevo Testamento. El también enseñó que el Espíritu Santo sería enviado para enseñarnos todas las cosas y terminar de enseñarnos lo que Jesús empezó"

En la primera epístola de Juan está escrito:

"Vosotros tenéis la unción del Santo y no tenéis necesidad de que nadie os enseñe."

1ª de Juan 2:20

La unción habla a nuestras vidas y nos trae la revelación de la palabra de Dios.

El Padre diseñó el espíritu del hombre para que pudiera escuchar Su voz. Y de hecho todo espíritu puede escuchar las diferentes voces que provienen del mundo espiritual. Todos estarán de acuerdo, que no hay nadie que no escuche diariamente la voz del diablo. Voces de temor, de ansiedad, de desánimo, de negativismo etc. Esto nos muestra claramente que estamos en facultad de oír el mundo espiritual. Y la más grande mentira del diablo es que no podemos oír la voz de Dios. ¿Qué clase de Cristianismo sería el trazado por Dios, que podamos oír con claridad la voz del diablo y no la del Señor?

De hecho si abrimos un poco nuestro entendimiento, nos daremos cuenta que Dios siempre nos ha estado hablando. A través de ese repentino reflejo que hizo que te detuvieras sin razón al cruzar la calle y esto te salvó de ser atropellado. O ese algo que te dijo: no te acerques a se hombre tiene malas intenciones, y cambiaste el rumbo de tu caminar. O esa pequeña y dulce voz que te dice: acércate a tu esposa y pídele perdón y lo hiciste y todo se arregló.

La voz de Dios se hace nítida o es estorbada según la presencia o la ausencia de la iniquidad.

"He aquí no se ha acortado la mano de Jehová para salvar, ni se ha agravado su oído para oír; Pero vuestras iniquidades han hecho división entre vosotros y vuestro Dios, y vuestros pecados han hecho ocultar de vosotros su rostro para no oír."

Isaías 59:1-2

Note que aquí dice iniquidades. Esto quiere decir que hay áreas donde una persona ha sido tremendamente tratada por Dios y en esa dirección oye con toda claridad. Pero hay otras en las que continuamente tiene conflicto y no sabe como resolver el asunto y esto es que hay un embotamiento en el oído espiritual ocasionado por un cúmulo de iniquidad que está obstruyendo el oído espiritual.

Por ejemplo una persona con un ministerio puede oír claramente en cuanto a lo que Dios quiere para la iglesia en la que sirve, pero tiene dificultades en encontrar la voluntad de Dios en las decisiones financieras. Esto se debe a que en alguna parte de su pasado o el de sus antepasados hay actividad inicua en el área económica. Quizás haya un fraude, un negocio que no fue echo con honestidad, un robo, una deuda que no se pagó por falta de integridad, etc. Mientras esto no sea confesado, como pecado y como iniquidad, creará un bloqueo en el oído espiritual además de atraer hacia la persona una serie de percances en el área financiera.

Es importantísimo, hacer un análisis detallado de nuestras obras y la de nuestros ancestros para desarraigar toda raíz de iniquidad en este sentido. Esto desde luego es imposible sin la revelación del Espíritu Santo.

Tenemos que venir a él y pedirle que queremos arrancar toda iniquidad de nuestro ser, y pedirle que nos muestre por medio de sueños o de su don de Palabra de ciencia, en dónde está arraigada la iniquidad en esta área de nuestra vida.

A veces el oído espiritual está tan obstruido que necesitamos la ayuda de un ministro de Dios que nos auxilie en discernir áreas de iniquidad que están en nosotros. Es muy fácil caer en la flojera y en la desidia espiritual, con una actitud que dice: "Que otros oigan por mí, porque yo no oigo nada" Y eso es precisamente iniquidad.

Esto también se puede dar en otras áreas de nuestra alma, como las emociones: personas que tienen continuos conflictos en este sentido y no pueden oír la voz de Dios para solucionar sus problemas. Es muy común el caso de personas que continuamente sueñan con aberraciones sexuales y oran y piden perdón por sus sueños o imaginaciones diurnas, pero esto nunca parece llegar a su fin. La razón es iniquidad no confesada.

La gran mayoría de las personas hacen confesiones generalizadas tales como:" Perdona Señor todo pecado sexual que yo o mis antepasados hayamos cometido". Esto desgraciadamente no ayuda en mucho. Si bien es suficiente en el caso de un moribundo, en todos los demás casos no lo es. En el mundo espiritual cada pecado proviene de una raíz de iniquidad y ha quedado gravando en ella. Es muy importante hacer una lista detallada ayudados por el Espíritu Santo y pedir perdón por cada una de nuestras acciones.

Hay personas que van a llenar un cuaderno entero anotando de un o en uno todos sus pecados, pero créame cuando se toma el tiempo de hacerlo quedará totalmente libre y vivirá una vida de paz. Esto es importante para los casados que viven atormentados y llenos de culpas por estos sueños e imaginaciones y la mayor parte de las veces acaban minando la vida sexual de la pareja.

Querido lector, Dios no le ha desamparado, pero la iniquidad es un estorbo más grande de lo que creemos.

2.- La iniquidad produce ceguera espiritual.

De la misma manera que Dios diseñó que tuviéramos oído espiritual, Él planeo que tuviésemos ojos espirituales. Ojos en el entendimiento de nuestro espíritu para ver con claridad las verdades de Dios y el tesoro glorioso de todas sus riquezas. Y ojos en nuestros sentidos espirituales para ver en el mundo invisible y contemplar de esta manera Su gloria.

¿Pueden todos ver en el mundo espiritual? Desde luego que si. Pero no podemos operar en una verdad a menos que la entendamos y la creamos para nuestras vidas.

Antes de venir a nuestro encuentro personal con Cristo, no sabíamos que Dios nos podía usar para sanar enfermos o para echar fuera demonios; O si tal vez nos enseñaron que eso no era para nuestros días. En mi caso personal, cuando leí en la palabra que estas señales seguirían a los creyesen en Jesús, creí rotundamente que esa palabra era para mí, y la puse por obra.

Lo mismo me sucedió cuando me di cuenta que podíamos ver el reino de Dios, y que esto no era para unos cuantos, sino para todos los que se convirtiesen de corazón.

"Pero cuando se conviertan al Señor el velo se quitará. Porque donde está el Espíritu del Señor, allí hay libertad. Por tanto NOSOTROS TODOS mirando a cara descubierta como en un espejo la gloria del Señor, somos transformados de gloria en gloria como por el Espíritu del Señor"

2 Corintios 3:16-18

En este pasaje vemos con claridad que la obra del Espíritu de Dios, al estar éste presente, es que podemos mirar su gloria a cara descubierta.

Esto es una realidad, que la estamos viviendo miles de personas.

La pregunta es porqué algunos no ven.

En la gran mayoría de los casos se debe a dos causas. La primera es por causa de los velos de iniquidad que no han sido removidos, ni del entendimiento ni de los sentidos espirituales.

La segunda, en el caso de gente madura en el Señor, es que simplemente no han desarrollado el ejercicio de su visión espiritual. Unos porque nunca han creído realmente que pueden desenvolverse de esta manera, y no le han dado importancia. Y otros porque no le han dado el énfasis necesario, por estar más capacitados en otros dones.

Pero enfoquémonos a la primera gran causa: los velos de iniquidad.

El Apóstol Pablo señala en esta misma carta a los Corintios la obra del diablo enfocada a producir ceguera espiritual.

"En los cuales cegó el entendimiento de los incrédulos, para que no les resplandezca la luz del evangelio de la gloria de Cristo, el cual es la imagen de Dios"

2ª Corintios 4:4

Y también dice:

"Pero el entendimiento de ellos se embotó; porque hasta el día de hoy, cuando leen el antiguo pacto, les queda el mismo velo no descubierto, el cual por Cristo es quitado. Y aun hasta el día de hoy, cuando se lee a

Moisés el velo está puesto en el corazón de ellos. Pero cuando (en sus corazones) se conviertan a Cristo el velo les es quitado"

2ª Corintios 314-16 (versión amplificada)

Ahora bien, aunque innegablemente el Apóstol se refiere a los que nunca se han acercado a Cristo, también está hablando de todos aquellos en los cuales hay incredulidad. Miles de Cristianos, han creído en Jesús como su salvador, pero en muchas áreas de sus vidas son incrédulos. La razón de esto es que sus corazones todavía están contaminados de iniquidad que no ha sido purgada de ellos. Esta ha formado velos de diversas intensidades que producen ceguera espiritual.

Para quitarlos es necesario identificar las áreas de nuestro corazón que aun no están rendidas al señorío de Cristo; y cuando éstas se conviertan a El, entonces serán removidos los velos que producen la ceguera.

Solo en la presencia manifestada de Espíritu Santo es que los corazones peden ser transformados. El es el que trae libertad a las prisiones de un corazón y de una mente que han estado en tinieblas. Por eso es importante pasar tiempo con el Señor, porque en la medida en que el traiga su gloria a nuestras vidas, veremos la luz que nos va transformando a Su imagen.

Cristo es la imagen del Dios invisible, y es Su imagen en nosotros la que puede mirar a cara descubierta la gloria de Dios. Jesús dijo:

"Todavía un poco y el mundo no me verá más; pero vosotros **me veréis.**"

Juan 14:19ª

Y también enseñó diciéndoles:

"Como tu me enviaste al mundo, así yo los he enviado"

Juan 17:18

Jesús fue enviado, siendo lleno del Espíritu Santo, y con plena facultad de oír y de ver todo lo que el Padre hacía. Y de la misma manera es que ahora él nos envía a nosotros. Viendo y oyendo lo que El hace.

"Respondiendo entonces Jesús les dijo: De cierto, de cierto os digo: No puede el Hijo hacer nada por sí mismo, sino lo que ve hacer al Padre" "Porque el Padre ama al hijo, y le muestra todas las cosas que él hace..."

Juan 5:19ª y 20ª

La gran mayoría de los hijos de Dios no se mueven en esta libertad, porque la iniquidad en ellos los llena de incredulidad o de culpas. Y la verdad es que no es otra cosa que velos mentirosos de tinieblas con los que el diablo ciega a la Iglesia. Su objetivo es que no se mueva en todo el poder que Jesús compró por precio de sangre para ella.

Ver el reino de Dios, ser expuestos a contemplar su gloria es lo más maravilloso que nos puede suceder. Y vale la penar hacer lo que sea con tal de conseguirlo y esto es: limpiar nuestros corazones de iniquidad.

3.- La iniquidad produce enfermedades y dolencias.

La iniquidad es una de las causas más importantes de la enfermedad. Aunque tiene su origen en el espíritu del hombre, se desenvuelve en el corazón y termina como una manifestación física que va a deteriorar el cuerpo.

La ciencia habla de lo que se conocen como enfermedades psicosomáticas. Estas, según los médicos, surgen de la mente, y producen una reacción química en el organismo que termina por minarlo. Esto se debe a la reacción que nuestro cuerpo tiene a sentimientos como odio, amargura, resentimiento, venganza etc.

La realidad es que es mucho más profundo que una reacción química. Es un asunto espiritual. Es la iniquidad que el hombre viene arrastrando de generación en generación y que se ha metido en forma tan profunda que aún afecta la genética o herencia de nuestro cuerpo físico.

Esta iniquidad con la que nacemos se va acentuando en la medida que contaminamos nuestros corazones con todo tipo de perversidad y de pecado.

Como hemos visto anteriormente, el espíritu, el alma y el cuerpo están íntimamente entrelazados, por lo que la condición de los dos primeros va a ser determinante para afectar el estado del organismo.

El Apóstol Juan dice en su tercera epístola:

"Amado, yo deseo que tú seas prosperado en todas las cosas y que tengas salud, así como prospera tu alma."

3ª Juan 1:2

Un espíritu, lleno de la presencia de Dios, libre de iniquidad, y un corazón puro, purgado también de ésta, dará como resultado un cuerpo sano, con salud "De Reino". Y lo opuesto tendrá como consecuencia un cuerpo doliente y propenso a enfermedades.

El Salmo 109:18 habla del hombre impío o el que tiene iniquidad, diciendo:

"Se vistió de maldición como de su vestido y entró como agua en sus entrañas y como aceite en sus huesos."

La iniquidad va a ir formando una especie de líquido tremendamente tóxico que se va acumulando en el organismo, deteriorando de esta manera los órganos y el estado general de la salud.

También se asienta en el interior de los huesos, debilitándolos, y afectando de esta manera la calidad de la sangre. Recordemos que la sangre, es donde se encuentra la vida, según la Biblia, y que es en la médula ósea donde se produce la sangre.

Todo tipo de enfermedades en la sangre, provienen de la iniquidad, tales como diabetes, leucemia, presión alta o baja, lupus etc.

Otro ejemplo claro de esto es cómo la tristeza, que no es de Dios, produce muerte. (2 Corintios 7:10b) Esta muerte va directamente a asirse de la iniquidad e inmediatamente penetrará los huesos.

"Ten Misericordia de mí OH! Jehová, porque estoy en angustia; Se han consumido de tristeza mis ojos, mi alma y mi cuerpo. Porque mi vida se va gastando de dolor, y mis años de suspirar; Se agotan mis fuerzas por causa de mi **iniquidad,** y mis huesos se han consumido"

Salmo 31:9-10

Enfermedades en los huesos y articulaciones, como osteoporosis, artritis, dolores reumáticos, son el resultado de la continua impregnación de esta secreción que proviene de la iniquidad.

Vamos también a ver la formación de tumores y dolor muscular agudo, como resultado de la acción en el cuerpo físico de esta herencia espiritual.

"No hay quien clame por la justicia, ni quién juzgue por la verdad; confían en vanidad, y hablan vanidades; conciben maldades, y dan a luz iniquidad. Incuban huevos de áspides, y tejen telas de arañas; el que comiere de sus huevos, morirá y si los apretaren saldrán víboras."

Isaías 59:4 y 5

Muchas veces el Señor nos ha mostrado haciendo liberaciones, cómo la iniquidad penetra en forma de estos huevos, y se forman tumores y cánceres que se multiplican haciendo metástasis (se expande a otros órganos). También se crean densas telarañas de tinieblas que se van entretejiendo en los músculos trayendo fuertes dolores y decaimiento físico.

4.- La Iniquidad Y El Cautiverio Del Alma

La iniquidad se manifiesta en el cuerpo físico como un agua y un aceite negros que enferman al cuerpo, como acabamos de ver; sin embargo el origen de estas sustancias está en el espíritu del hombre.

En el mundo invisible la iniquidad dentro del ser humano va afectar todo su medio ambiente. Esta fluye como una fuente del interior del ser como aguas cenagosas que van ensuciando todo a su alrededor, y crean densos pantanos espirituales. Estos van a ser atolladeros donde el alma se va quedando atrapada y donde otros, aún justos se hunden como en un pozo sin salida.

Veamos esto en la palabra:

"Pero los impíos (todo en el cual hay iniquidad) son como el mar en tempestad, que no puede estarse quieto, y sus aguas arrojan cieno y lodo"

Isaías 57:20

Note en este próximo versículo como el justo es atrapado por la iniquidad colectiva:

"...Porque con nosotros están nuestras iniquidades y conocemos nuestros pecados: el prevaricar y mentir contra Jehová, y el apartarse en pos de nuestro Dios; el hablar calumnia y rebelión, concebir y proferir de corazón palabras de mentira. Y el derecho se retiró, y la justicia se puso lejos; porque la verdad tropezó en la plaza y la equidad no pudo venir, y la verdad fue detenida y EL QUE SE APARTÓ DEL MAL FUE PUESTO EN PRISIÓN; y lo vio Jehová y desagradó a sus ojos, porque pereció el derecho"

Isaías 59: 12b-15

Espiritualmente estos lodos de iniquidad son arrojados sobre otros a través de palabras violentas, amenazas, calumnias, palabras perversas, acusaciones injustas y presiones de todo tipo. Hoy en día muchas situaciones estresantes provienen de iniquidad que se ha ido acumulando, hasta que la persona literalmente siente que se ahoga. Personas con espíritus de control, oprimen y manipulan contaminando totalmente un lugar. Problemas psicológicos de temor, como la claustrofobia provienen de esta condición en el ambiente espiritual. Muchas veces aunque este haya cambiado, el alma puede haber quedado cautiva en el pasado y es necesario llevar a cabo una liberación.

El estar rodeado de estas aguas genera muchas veces terror, pesadillas, aflicción de espíritu y gran desesperación.

El rey David en contadas ocasiones se encontró rodeado de estas aguas cenagosas que literalmente lo estaban ahogando.

"Está atento y respóndeme, clamo en mi oración y me conmuevo acerca de la **voz de mi enemigo,** por la opresión del impío; porque **sobre mí echaron iniquidad** y con furor me persiguen. Mi corazón esta dolorido dentro de mí y terrores de muerte sobre mí han caído. Temor y temblor vinieron sobre mí y terror me ha cubierto."

Salmo 55:3-5

"Sálvame oh Dios porque las aguas han entrado hasta el alma, estoy hundido en cieno profundo donde no puedo hacer pie; he venido a abismos de aguas, y la corriente me ha anegado. Estoy cansado de llamar, mi garganta se ha enronquecido; han desfallecido mis ojos esperando a mi Dios. Se han aumentado más que los cabellos de mi cabeza los que me aborrecen sin causa."

Este lodo cenagoso es real en el mundo espiritual y va creando fosos, de los cuales solo con el poder de Dios se puede salir. Situaciones en las que nos sentimos ya desesperados porque parece no haber salida, no hay donde hacer pie. Y pareciera que entre más nos esforzamos por salir, más nos hundiéramos.

Esta misma condición la vemos cuando el alma del salmista ha sido acosada de males, iniquidad ha sido echada sobre él, y su alma ha entrado en un cautiverio:

"Porque mi alma está hastiada de males, y mi vida cercana al Seol." "Me has puesto en el hoyo profundo, en tinieblas, en lugares profundos." "Encerrado estoy y no puedo salir."

Salmo 88: 3, 6, 8b

Cuando se ha tenido la bendición de ver el mundo espiritual, estos posos y prisiones son lugares literales donde el diablo aprisiona una parte del alma para traer todo tipo de opresión y calamidad a nuestras vidas.

El alma es llevada cautiva por causa de la iniquidad en nuestras vidas, pero también por situaciones traumáticas, o por fuertes acosos de gente impía, que la fragmentan y la atrapan.

El rey David clama a Dios en una situación semejante en que es terrible oprimido por la iniquidad de sus enemigos:

La Iniquidad ᷱ 75

"Me rodearon ligaduras de muerte, y torrentes de perversidad (iniquidad) me atemorizaron. Ligaduras del Seol me rodearon, me tendieron lazos de muerte"

Salmo 18: 4-5

Y también dice:

"Porque sin causa escondieron para mí su red en un hoyo; sin causa cavaron hoyo para mi alma"

Salmo 35:7

Job también habla de estos hoyos cavados para el alma:

"También os arrojáis sobre el huérfano y caváis hoyo para el amigo."

Job 6:27

Estas prisiones de oscuridad no sólo son producidas por personas que nos arrojan iniquidad, odio y todo tipo de maldiciones, sino que por nuestra propia causa podemos ser atrapados en lugares de gran aflicción.

"Algunos moraban en tinieblas y en sombra de muerte, aprisionados en aflicción y hierros, por cuanto fueron rebeldes a las palabras de Jehová y aborrecieron el consejo del Altísimo" "Fueron afligidos los insensatos a causa de sus maldades, su alma abominó todo alimento, y llegaron hasta las puertas de la muerte."

Salmo 107: 10,11 y 17,18

En este lugar también son atrapados los que no dan la gloria a Dios:

"Escuchad y oíd; No os envanezcáis pues Jehová ha hablado. Dad gloria a Jehová Dios vuestro, antes que haga venir tinieblas, y antes que vuestros pies tropiecen en montes de oscuridad, y esperéis luz y os la vuelva sombra de muerte y tinieblas. Mas si no oyeres esto, en secreto llorará mi alma a causa de vuestra soberbia; y llorando amargamente se deshagan mis ojos en lágrimas, porque el rebaño de Jehová fue hecho cautivo."

Jeremías 13:16,17

La forma de sacar un alma de estos pozos, es recordando primeramente que todo tiene que ser dirigido por el Espíritu Santo.

Hay que pedirle a Dios que nos conceda sacar el alma de estos lugares. Que nos muestre por Su Espíritu, qué fue lo que ocasionó este cautiverio.

EL Señor mostrará por medio de los dones del Espíritu como es que se dio esta situación. Entonces habrá que pedir perdón en el caso de pecado, de iniquidad o de rebelión. Perdonar a los que nos hayan hecho daño y por ultimo ordenar al ama cautiva que "SALGA A LIBERTAD" y a los que estén en regiones de tinieblas que "SE MUESTREN" que "SALGAN DE LAS TINIEBLAS A LA LUZ."

"Así dijo Jehová: En tiempo aceptable te oí, y en el día de salvación te ayudé; y te guardaré y te daré por pacto al pueblo, para que restaures la tierra, para que heredes asoladas heredades; Para que digas a los presos: Salid; y a los que están en tinieblas: Mostraos. En los caminos serán apacentados y todas las alturas tendrán sus pastos."

Isa 49:8-9

Hay veces en que los tomamos de las manos y hacemos un movimiento como si literalmente los estuviéramos sacando de un hoyo. Espiritualmente, tanto el liberador como el libertado experimentan una sensación de victoria y de libertad. Entonces le pedimos a Dios que tome esa alma que estaba atrapada en tinieblas y que la siente en lugares celestiales, para ahora ser apacentada por su Santo Espíritu.

Son maravillosos los resultados que se obtienen tras una liberación de este tipo.

5.- *La Iniquidad Y La Ruina Y Escasés Financiera*

La iniquidad como hablamos en un principio, tiene su origen en Luzbel. Es el pensamiento torcido que penetra su corazón haciéndolo creer que puede ser semejante a Dios. Esto sucede por la abundancia de sus riquezas. En los capítulos 27 y 28 de Ezequiel la Biblia habla del poder de las contrataciones comerciales que él hacía y se refiere a él como el Rey de Tiro; ya que esta ciudad fue capital del comercio en su tiempo.

La caída de Satanás está íntimamente ligada al comercio y a la riqueza. Es de este amor al lucro que él hace surgir Babilonia, la ciudad espiritual a través de la cual él gobierna los reinos del mundo.

"Y me llevó en el Espíritu al desierto; y vi una mujer sentada sobre una bestia escarlata llena de nombres de blasfemia, que tenía siete cabezas y diez cuernos.

Y la mujer estaba vestida de púrpura y escarlata, y adornada de oro y piedras preciosas y de perlas y tenía en su mano un cáliz lleno de de abominaciones y de la inmundicia de su fornicación; y en su frente un nombre: Babilonia la grande, la madre de las rameras y de las abominaciones de la tierra.

… Y la mujer que has visto es la gran ciudad que reina sobre los reyes de la tierra"

Apocalipsis 17:3-5 y 18

Hay una parte del comercio y de la riqueza que es justo y necesario para los pueblos de la tierra. Pero en forma muy sutil la iniquidad, la semilla del diablo lo tomaron como el terreno fértil para desarrollar en él su suprema maldad. Todas las naciones han participado de su seducción y por ende están atrapadas en sus redes.

"Porque todas las naciones han bebido del vino del furor de su fornicación; y los reyes de la tierra han fornicado con ella, y los mercaderes de la tierra se han enriquecido de la potencia de sus deleites. Y oí otra voz que decía: Salid de ella pueblo mío, para que no seáis partícipes de sus pecados, ni recibáis parte de sus plagas."

Apocalipsis 18:3-4

El comercio y la riqueza llegan a tener un ESPLENDOR que se vuelve la puerta por la cual penetra la iniquidad. Este esplendor es una gloria que no es la de Dios. Es un brillo y una sensación de seguridad artificial, de poder, que se levantan para competir y tomar el lugar de Dios. Es un esplendor que fascina y seduce los ojos del mundo.

La riqueza produjo en el corazón de Luzbel una narcosis, un embelesamiento de sí mismo en el cual empezó a creer que el poder de su abundancia lo ponía a la par del Altísimo.

"A causa de la multitud de tus contrataciones (comerciales) fuiste lleno de iniquidad, y pecaste; por lo que yo te eché del monte de Dios, y te arrojé de entre las piedras de fuego, oh querubín protector. Se enalteció tu corazón a causa de tu hermosura, corrompiste tu sabiduría a causa de tu ESPLENDOR, yo te arrojaré por tierra; delante de los reyes te pondré para que miren en ti."

Ezequiel 28:16-17

Esta iniquidad que se formó en el corazón de Satanás, por causa de la belleza y esplendor que produjeron sus tesoros, trastornaron todo su enfoque santo de mirar a las riquezas. Todo se distorsionó dentro de él, creyendo a partir de este momento que el poseer el oro y la plata y las piedras preciosas le daba un poder que lo haría no necesitar de Dios.

Este mismo pensamiento es el que está sembrado en el corazón de los hombres en esa semilla satánica que heredamos en nuestro nacimiento.

Desde el principio de las edades, el hombre en su iniquidad ha buscado más el oro que a Dios.

El comercio ha sido impregnado con iniquidad en todas las formas posibles. Y en mayor o menor grado esto es una constante en la línea generacional de sangre de casi todos los hombres.

Por amor a las posesiones los pueblos se han matado entre en sí. El oro a través de los siglos ha sido manchado de sangre una y otra vez.

¡El que más tiene es el más poderoso! Ha sido el slogan por excelencia de todas las civilizaciones occidentales.

El oro ha sido buscado para ser ofrecido a los dioses paganos, en casi todas las culturas .Ha sido el símbolo de poder de los reinos Europeos.

Todo tipo de pactos satánicos, brujería y alta magia rodean las riquezas del mundo.

Las más abominables organizaciones del alto y del bajo crimen provienen del amor y la búsqueda de la riqueza.

Aún millones de cristianos, ponen mucho más énfasis en su búsqueda de la riqueza que en la de Dios.

Nuestras iglesias se llenan de iniquidad, cuando el pueblo está volcado en los bienes y la comodidad de este mundo; Y se olvida de los pobres de la tierra; Cuando son más importantes las joyas y los vestidos visibles, que los invisibles.

Cuando es prioritario luchar con sacrificio por obtener algo de este mundo, que poner nuestra vida en sacrificio para encontrarnos en niveles cada vez mayores con Dios, estamos llenos de iniquidad.

Cuando nuestras posesiones, nuestro sueldo o nuestro negocio son nuestra seguridad y no Dios, hemos caído en las mismas contrataciones que hicieron caer a Luzbel.

La economía del mundo está llena de iniquidad, de derramamiento de sangre. Por dinero se hacen guerras, se venden armas a grupos terroristas, se deja morir de hambre naciones enteras, para mantener un precio en el mercado. Los sistemas bancarios están llenos de corrupción, de usura y de mentira. Los gobiernos venden su integridad por dinero. La justicia es corrompida. Con oro, se silencia el homicidio y se persigue al desamparado. Se hacen fraudes con el dinero de los ciudadanos. Es un sistema lleno de inmundicia, de fornicación, de robo, de mentira y de falsedad. Y no creo estar equivocada si digo que el mayor numero de pecados que se cometen es en torno al dinero.

El diablo teje vendas mágicas para justificar todo tipo pecado en el área financiera.

Se roba a Dios por todos lados, en diezmos y ofrendas, el que no tiene justifica el defraudar y mentir al hermano. Es tan fácil que alguien te pida prestado y nunca más lo vuelvas a ver, porque es más importante el dinero que la amistad.

Es en el rubro de las finanzas donde menos temor de Dos he visto. Y lo que la gente no sabe es que el refugiarse en el dinero y servirlo es hacer directamente un pacto con la muerte.

Fíjese como la iniquidad alrededor de las riquezas está íntimamente ligada a espíritus de muerte:

"¿Por qué he de temer en los días de adversidad, cuando la iniquidad de mis opresores me rodeare? Los que confían en sus bienes (ricos o pobres) y de la muchedumbre de sus riquezas se jactan...   E s t e su camino es locura; Con todo sus descendientes se complacen en el dicho de ellos. Como a rebaños que son conducidos al Seol, la muerte los pastoreará y los rectos se enseñorearán de ellas por la mañana, se consumirá su buen parecer y el Seol será su morada. Pero el Señor redimirá mi vida del poder del Seol, porque él me tomará consigo."

Salmo 49:5-6 y 13-15

El Seol, es el lugar de los muertos, sin embargo en este Salmo, se ve como este lugar ejerce una influencia y un poder, aún sobre los vivos.

De la misma manera que el cielo ejerce su poder sobre justos e injustos también la muerte es un imperio que cautiva y pastorea a los que están sujetos a ella a través de la iniquidad, la rebelión y el pecado.

El dinero el cual debiera ser tan solo un instrumento, para muchos es un refugio que Dios ya ha empezado a juzgar; por eso dice: ¡Salid de ahí pueblo mío! Refiriéndose a la estructura financiera babilónica.

"Por cuanto habéis dicho: Pacto tenemos hecho con la muerte, e hicimos convenio con Seol; cuando pase el turbión del azote no llegará a nosotros, porque hemos puesto nuestro refugio en la mentira; y en la falsedad nos esconderemos. ...Y ajustaré el juicio a cordel y a nivel la justicia; y granizo barrerá el refugio de la mentira y aguas arrollarán el escondrijo."

Isaías 28:15 y 17

Confiar en las riquezas no es tan solo algo que se atribuye solo a los ricos y poderosos, sino a todo aquel que dependa del dinero, de su sueldo, de sus ahorros, o de sus seguros **como fuente** de sustento y seguridad.

La iniquidad financiera atrae en forma poderosa juicios de ruina.

"Por tanto yo os juzgaré a cada uno según sus caminos, oh casa de Israel, dice Jehová el Señor. Convertíos y apartaos de todas vuestras transgresiones y no os será **la iniquidad causa de ruina.**"

Ezequiel 18:30

Esto lo he visto tantas veces, tanto en forma individual como en colectiva.

En mi propia vida, veía como en mi familia desde mis abuelos, todos venían de una posición financiera buena, sin embargo todos sin excepción caían en la ruina. Cuando yo llegué al Señor, era tremendamente pobre y cada vez que recibía una fuerte bendición económica en mi vida, de inmediato el diablo me la arrebataba. Fui despojada muchas veces de cosas que legítimamente me pertenecían. Aún la herencia tanto de mi padre como la de mi madre, las dos me fueron quitadas injustamente.

No sabía que estaba pasando. No fue sino hasta que empecé a entender la iniquidad que pude cambiar el curso de mi destino.

Un día le pedí al Señor que me mostrara la iniquidad financiera en mi línea generacional. Y tuve un sueño en que vi a uno de mis abuelos cometiendo un fraude tremendo con uno de sus socios; este lo maldijo y declaró que todas sus generaciones sufrirían ruina.

Cuando me desperté, lo primero que hice fue pedir perdón por la iniquidad y el pecado de mi abuelo y cancelar la maldición poniendo el sacrificio de Cristo entre mi abuelo y sus descendientes. Luego empecé a sondear todas las áreas en que yo hubiera pecado poniendo mi confianza en la riqueza o cualquier otro pecado en el área del dinero que hubiera podido cometer. Y pedí perdón. A partir de ese día Dios me ha devuelto todo lo que el diablo se robo y la bendición de Jehová permanece sobre mi vida.

Debido a que fue la riqueza y las contrataciones comerciales las que produjeron el orgullo y la caída de Satanás, él busca siempre como infiltrarse en esta área. Por esta causa es importante analizar el origen de toda actividad comercial y detectar la posible fuente de iniquidad que tarde o temprano traerá ruina.

Por ejemplo muchos negocios han sido consagrados a ídolos, en otros pudo haber sido el despojo injusto de alguna persona. O se da el caso de que fue hecho con dinero cuyo origen no era limpio. En otros se pudo haber hecho una sociedad con alguien impío cuyo pecado está afectando el negocio. Hay negocios hechos con mercancías ilegales, o con abuso de los empleados, con medidas injustas, con formulas mentirosas. O puede existir cohecho en la obtención de permisos. A veces se puede estar vendiendo un producto falsificado o estar ofreciendo una calidad al promover el producto y dar otra al entregarlo.

En fin los casos son muy diversos, pero todos dignos de analizar.

Muchas personas piensan que Dios quiere bendecidles económicamente, no importando los medios. He visto muchos abusos hechos por gente que se llama cristiana sobre inconversos, escudándose en que el dinero de los pecadores pasará a manos de los justos, como lo estipula Proverbios 13:22.

Hoy, muchos métodos de mercadotecnia están llenos de mentira y engaño, con tal de atrapar al cliente de inmediato.

Todo esto es muy serio delante de Dios y hace que no escuche nuestras oraciones.

"He aquí no se ha acortado la mano de Jehová para salvar, ni se ha agravado su oído para oír; pero vuestras iniquidades han hecho división entre vosotros y vuestro Dios, y vuestros pecados han hecho ocultar vuestro rostro para no oír. Por que vuestras manos están contaminadas de sangre y vuestros dedos de iniquidad (obras de nuestras manos); vuestros labios pronuncian mentira, habla maldad vuestra lengua. No hay quién clame por la justicia, ni quién juzgue con la verdad; confían en vanidad, y hablan vanidades; conciben maldades y dan a luz iniquidad."

Isaías 59:1-2 paréntesis añadido

Para salir de esta situación hay que confesar nuestro pecado y nuestra iniquidad, y en caso de haber agraviado a alguien es necesario restituir en la medida de lo posible. Habrá casos que será imposible. En el caso de que se esté haciendo algo indebido, hay que enderezar el curso y dejar de hacer lo malo, ya que esto tarde o temprano traerá ruina sobre la persona y sobre sus descendientes.

6.- La Iniquidad Y El Agravio

El agravio es la injusticia hecha a una persona en la cual esta queda en deshonra o gran despojo. Es una afrenta o una ofensa de gran envergadura.

La presencia de la iniquidad en una persona va a fungir como un poderoso imán para atraer hacia sí el agravio y toda forma de injusticia.

Una de las formas en que se manifiesta la iniquidad es a través de la lengua. Lo que habla nuestra lengua determina muchas de las maldiciones o bendiciones que recibimos.

"La muerte y la vida están en poder de la lengua y el que la ama comerá de sus frutos"

Proverbios 18:21

La lengua también es el detector para saber lo que hay en el corazón, como bien lo expresa el Apóstol Lucas:

"De la abundancia del corazón habla la boca"

Lucas 6:45

Un corazón cargado de iniquidad continuamente hablará mal de otras personas. No cuidan su forma de hablar maldiciendo a diestra y a siniestra. Causan divisiones y ofenden como si tuvieran puñales en la boca. Son gente negativa, exclusivista y con gran ira y amargura interna.

Esto proviene de múltiples agravios e injusticias que continuamente vienen sobre ellos. Y la razón es que la misma iniquidad está produciendo un ciclo vicioso.

Personas que han sido profundamente rechazadas, pareciera como que atraen más y más rechazo sobre ellas. Y esto es por causa de que están atrapadas es redes de iniquidad. Y esto es una ley espiritual que no se puede detener hasta que sea desarraigada la iniquidad de ella y de su línea generacional.

En gente que han sido abusadas de alguna forma o han sufrido de un ataque incestuoso, continuamente estarán atrayendo agravio y deshonra sobre sus vidas. Son victimas de toda injusticia, como una marca indeleble que las persiguiera.

En el caso de incesto (relaciones sexuales con un familiar) la iniquidad es tan fuerte que atrae todo tipo de maldiciones, tales como las descritas en Deuteronomio 28.

Una persona abusada en este sentido tiene que perdonar y pedir perdón por los pecados de sus antepasados; con toda seguridad hay muchos más casos semejantes en la línea familiar, que fueron los que arrastraron al padre o al pariente a cometer tal aberración.

> "¿No tienen conocimiento todos los que hacen iniqu-
> idad, Que devoran a mi pueblo como si comiesen pan,
> y a Dios no invocan?"
>
> *Salmo 53:4*

Para salir de este ciclo de injusticias y agravios es necesario buscar primeramente en nuestros corazones donde hemos sido injustos con otros. Después de esto pedir revelación si se desconoce el caso donde se origina este pecado y esta iniquidad y pedir perdón a Dios por la iniquidad de nuestros antecesores en este sentido.

Cuando hemos cometido agravio contra otros, cuando nuestra lengua ha difamado, o hemos abusado trayendo gran dolor y heridas profundas en nuestros semejantes, es necesario traer restitución. Arrepentirse ante Dios, es el primer paso, pero no arrancara la semilla de iniquidad que hemos sembrado en contra de nosotros mismos hasta, que pidamos perdón a las personas y hagamos un bien por ellas que recompense el mal que les ocasionamos.

"Lavaos y limpiaos; quitad la iniquidad de vuestras manos de delante de mis ojos; dejad de hacer lo malo; aprended a hacer el bien; buscad el juicio, restituid al agraviado, haced justicia al huérfano, amparad a la viuda"

Isaias 1:16 -17

7.- La Iniquidad Y El Espiritu De Fornicacion.

Una de las obras de iniquidad que Dios más aborrece es la adoración de ídolos. El inclinarse y servir dioses ajenos. En Latino América estos, están hechos en forma de imágenes talladas, en Europa y Norte América son dioses invisibles, como el dinero, y la comodidad y la cultura; Aunque también se adoran imágenes.

Desgraciadamente la idolatría es el principio de una cadena de complicaciones y pecados; y está dirigida por el espíritu de fornicación.

Hoy por hoy las naciones están invadidas del más descarado libertinaje y depravación sexual en la historia.

Aún en la misma Iglesia los pecados de adulterio, pornografía y fornicación proliferan por todos lados, y a nivel general el pueblo de Dios ha perdido el temor de Dios.

Mi corazón desfallece en oración por esta causa, porque veo las iglesias abundando en palabra, unciones de diversos tipos, profecía y tantas misericordias de Dios, pero los corazones de millones de cristianos pareciera que no hay nada que los haga cambiar. Desde luego que hay gente hermosa en Cristo santos y temerosos de Dios, pero el grueso del pueblo permanece impávido.

Esto se debe a que las naciones están llenas de iniquidad idolátrica. En la mayoría de los casos la gente, por lo menos en Hispano América, dejan los ídolos de madera, pero como que se quedan atrapados en este espíritu de fornicación que les impide llegar a conocer a Dios plenamente.

> "Fornicación, vino y mosto quitan el juicio. Mi pueblo a su ídolo de madera pregunta, y el leño le responde; porque espíritu de fornicaciones lo hizo errar, y dejaron a su Dios para fornicar. Sobre las cimas de los montes sacrificaron, e incensaron sobre los collados, debajo de las encinas, álamos y olmos que tuviesen buena sombra; por tanto, vuestras hijas fornicarán y adulterarán vuestras nueras. No castigaré a vuestras hijas cuando forniquen, ni a vuestras nueras cuando adulteren; porque ellos mismos se van con rameras, y con malas mujeres sacrifican; por tanto el pueblo sin entendimiento caerá." "No piensan en convertirse a su Dios, porque espíritu de fornicación está en medio de ellos, y no conocen a Jehová"
>
> *Oseas 4:11-14 y 5:4*

Note como, donde hay o ha habido idolatría se desata este espíritu de fornicación. Por eso es importante desarraigar la iniquidad a fondo y con precisión. Los arrepentimientos generalizados solo tratan con la superficie, pero la raíz y la esencia del problema siguen sin ser tratados, por lo que tarde o temprano se manifestarán estos pecados sexuales.

La fornicación no solo tiene que ver con asuntos físicos, sino que es una condición de iniquidad, que impide que la gente conozca a Dios íntimamente y se convierta a El con todo su corazón.

Esto se manifiesta con gente que quiere sentir experiencias agradables con el Espíritu Santo; quieren el calor de una relación, pero no el compromiso de un matrimonio con Dios.

Cuando se da el caso de este tipo de iniquidad, las personas son continuamente perseguidas por sueños y pensamientos terriblemente obscenos.

He conocido gente desesperada con esta situación que simplemente no saben ya que hacer para ser libres.

La solución es tomar papel y lápiz y hacer una lista detallada, de ídolos que hayan sido adorados por ellos o sus familias. Anotar que pactos se hicieron con dichas imágenes, o espíritus, que promesas u ofrendas fueron hechas. Entonces pedir perdón a Dios por esta iniquidad y ordenar que sea desarraigada de sus vidas.

Por otro lado hacer una lista de todas las situaciones donde haya habido interacción de sexualidad fuera del matrimonio, pornografía, masturbación, incesto, adulterio etc. Es importante ser minuciosos y específicos. Hay veces en el caso de una vida promiscua que resulta difícil recordar todos los nombres. Sin embargo todo esta registrado en nuestro espíritu y el Espíritu Santo es poderoso para recordarnos cada caso. Quizás no lo hará de una vez, sino que tomará a veces semanas. Está bien, lo importante es que lo hagamos y entonces gozaremos de una hermosa libertad y una poderosa intimidad con nuestro amado Dios.

Es importante una vez hecho esto declarar que la libertad llega a nuestros descendientes también.

8.- *La Iniquidad Y El Asolamiento De Ciudades*

La iniquidad no solo afecta la vida de una persona sino que va a constituirse en el fundamento de maldición y destrucción de ciudades.

Desde que el hombre cayó en pecado, y la iniquidad entró a formar parte de su ser, la tierra absorbió esta semilla de maldad quedando maldita desde entonces.

"Y al hombre dijo: Por cuanto obedeciste a la voz de tu mujer, y comiste del árbol de que te mandé diciendo: No comerás de él, maldita será la tierra por tu causa; con dolor comerás de ella todos los días de tu vida."

Génesis 3:17

A partir de ese momento, la creación toda gime por ver la manifestación gloriosa de los hijos de Dios. El Señor nos dio la tierra y aunque perdimos el señorío de ella, es nuestra responsabilidad declarar su redención a través del sacrificio que Jesús hizo por nosotros. Si bien hemos sido maldición para la tierra, también podemos ser bendición y comer de ella con paz y con gozo.

La iniquidad no solo penetró la tierra en ese momento de la caída, sino que nuestra propia iniquidad trae sobre ella toda forma de mal.

"Oh congregación, ¿pronunciáis en verdad justicia? ¿Juzgáis rectamente hijos de los hombres? Antes en el corazón maquináis iniquidades; Hacéis pesar la violencia de vuestras manos en la tierra."

Ciudades enteras son fundadas a través de consagraciones territoriales a dioses paganos, diseños masónicos, geometría mágica, y horrendos sacrificios y derramamientos de sangre. Todo esto repercute en el desenvolvimiento de una ciudad y es necesario redimir los fundamentos de esta.

"¡Ay del que funda una ciudad con sangre, y del que funda una ciudad con iniquidad!"

Habacuc 2:12

De la misma manera que individualmente la iniquidad cava hoyos para atrapar las almas, ciudades enteras quedan atrapadas, hundidas en tinieblas violencia y corrupción.

"Se hundieron las naciones en el hoyo que hicieron; En la red que escondieron fue tomado su pie"

Salmo 9:15

Por eso es necesario que los justos hagan justicia, y que su oración y sus obras sanen las ciudades.

"Y confesarán su iniquidad y la iniquidad de sus padres, por su prevaricación que prevaricaron contra mí; y también porque anduvieron conmigo en oposición; yo también habré andado contra ellos, y los habré hecho entrar en la tierra de sus enemigos; entonces se humillara su corazón y reconocerán su pecado. Entonces yo me acordaré de mi pacto con Jacob, y así mismo de mi pacto con Isaac, y también de pacto con Abraham me acordaré **y haré memoria de la tierra.**"

Levítico 26:40-42

9.- *La Iniquidad Y Las Maldiciones*

Tanto las bendiciones como las maldiciones son leyes espirituales que están buscando dónde asirse. Son como un pájaro en vuelo que está procurando dónde posarse para hacer su nido, para establecerse y cumplir sus propósitos.

"Como el gorrión en u vagar, y como la golondrina en su vuelo, así la maldición nunca vendrá sin causa."

Proverbios 26:2

Al mismo tiempo nos encontramos en Deuteronomio capítulo 28:

"Y vendrán sobre ti todas estas bendiciones y te alcanzarán, si oyeres la voz de Jehová tu Dios"...

"Pero acontecerá, si no oyeres la voz de Jehová tu Dios, para procurar cumplir todos los mandamientos y sus estatutos que yo te intimo hoy, Que vendrán sobre ti todas estas maldiciones y **te alcanzarán.**"

Deuteronomio 28:2 y 15

En muchas ocasiones me encuentro con personas que habiendo leído libros, o escuchado enseñanzas sobre maldiciones, las revocan y las cancelan de sus vidas, pero al tiempo éstas regresan sobre ellos. La razón de esto es que por el poder del Espíritu lograron apartarlas por un tiempo, pero nunca desarraigaron su causa, que es la iniquidad.

La maldición quedó flotando, buscando otra vez donde adherirse y al ver de nuevo la iniquidad en la persona se volvió a asir a ella.

Si tratáramos de imaginarnos en una forma visual el cuerpo de iniquidad. Sería como un torcido cordón negro que está dentro de nosotros. Este está formado por cientos de nudos, y capas sobre capas que lo engruesan como si fueran trapos inmundos llenos de información y de pactos, que se han ido acumulando de generación en generación. A este se van a ir pegando una cantidad de maldiciones, de decretos hechos por nuestros ancestros y por nosotros mismos.

"El pecado de Judá está escrito con cincel de hierro y con punta de diamante; esculpido está en la tabla de su corazón"

Jeremías 17:1

En este complicado cuerpo de iniquidad han quedado grabados todos los pecados hechos por las generaciones que nos precedieron y es precisamente de esta información que va a volver a surgir el pecado y se va a manifestar. Esto no se quita por medio de una oración generalizada:" Oh Señor borra todas mis iniquidades". Tanto el pecado, como la rebelión y la iniquidad, requieren de un escrutinio profundo, de observar y analizar nuestro corazón con detenimiento.

Si bien en la sincera oración de una genuina conversión muchos pecados no fueron confesados, Jesús toma nuestro corazón arrepentido para darnos salvación. Sin embargo a partir de ahí el Espíritu Santo empezará a remodelar nuestra conciencia mostrándonos y dándonos entendimiento sobre pecados que ni siquiera los considerábamos como tales. Traerá arrepentimiento a obras en nuestra vida de las que nunca antes habíamos sentido vergüenza. En la medida que somos dóciles y nos entregamos al Señor, él va a tratar con cada área en nosotros, en aras de santificarnos.

De la misma manera el tiene que tratar con nuestras iniquidades, ya que es aquí donde se encuentra la raíz de todos nuestros problemas y donde más actividad demoníaca es engarzada.

"Bienaventurado el hombre a quien Jehová no culpa de iniquidad y en cuyo espíritu no hay engaño. Mientras callé se envejecieron mis huesos en mi gemir todo el día. Porque de día y de noche se agravó sobre mí tu mano; se volvió mi verdor en sequedades de verano. Mi pecado te declararé y **no encubrí mi iniquidad.** Dije: Confesaré mis transgresiones a Jehová; y tu perdonaste **la maldad (iniquidad) de mi pecado.**"

Salmo 32:2-5

Note cómo la obra redentora de Dios tiene que llegar hasta lo profundo, al lugar donde se originó el pecado.

Si solo tratamos con el pecado en forma superficial, ese cuerpo de iniquidad que acabamos de describir seguirá vivo y operando toda clase de mal sobre nosotros.

Al estudiar la iniquidad con relación a las maldiciones va a ser necesario identificar en oración la raíz de iniquidad que produjo tal maldición, para entonces desarraigar la una y la otra.

¿Qué es en sí una maldición? Me gusta la definición dada por El Apóstol John Eckhard en su libro: "Identificando y rompiendo maldiciones".

"Una maldición, es el pago dado por Dios sobre una persona y su descendencia como resultado de su iniquidad" "Dales el pago oh Dios según la obra de sus manos. Entrégalos al endurecimiento de corazón; tu maldición caiga sobre ellos"

Lamentaciones 3:64-66

Las maldiciones pueden identificarse a través de varios síntomas recurrentes y provienen de raíces específicas de iniquidad:

- Problemas financieros crónicos, pobreza y miseria, tierra que no produce fruto, negocios que se secan sin razón aparente.

Causa: Robo, fraude, brujería o hechicería, idolatría, confiar en el hombre antes que en Dios, robarle a Dios en diezmos y ofrendas. *Malaquías 3:8-9*

Jurar falsamente en el nombre de Dios. Zacarías 5:4

- Problemas ginecológicos en la mujer: flujo de sangre continuo, desórdenes crónicos en la menstruación, esterilidad, abortos naturales.

Causa: Incesto, adulterio, divorcio, perversións Sexual, abortos, pornografía, fornicación, rebeldía y desobediencia. *Génesis 3:16*

- Enfermedades crónicas o diversas, una tras otra.

Causa: Idolatría, hechicería, derramamiento de sangre. *Deuteronomio 28:27 y 35*

- Problemas de hongos en la piel o uñas, fiebres y calamidades.

Causa: Hechicería, prácticas inmundas, maldiciones lanzadas sobre una persona. *Deuteronomio 28:22*

- Propensión a accidentes.

Causa: Homicidio, muerte, derramamiento de sangre, culto a los muertos, espiritismo, hechicería, idolatría, satanismo. *Deuteronomio 28*

- Problemas maritales, divorcios, deslealtad del cónyuge.

Causa: Divorcios, deslealtad, idolatría, hechicería, incestos, adulterios. *Deuteronomio 28:30*

- Muertes prematuras, suicidios.

Causa: Homicidio, derramamiento de sangre, idolatría, hechicería, amor al dinero. *Proverbios 2:22, Salmo 37:28*

- Problemas de robos continuos, fraudes, herencias paralizadas, perdida total de casas o propiedades.

Causa: Robo, fraude, tráfico ilegal de mercancía, tráfico de esclavos o de blancas. *Zacarías 5:3-4*

- Problemas mentales, locura, Altzheimer, demencia senil.

Causa: Orgullo, altivez, confianza en las riquezas, testarudez. *Daniel 4:32, Deuteronomio 28:18*

- Destrucción de diversas índoles.

Causa: Homicidio, violencia, borrachera, drogadicción, brujería, idolatría, suicidio. *Deuteronomio 28:20*

- Agravio y abusos de todo tipo.

Causa: Violación, abusos, calumnia, lengua maledicente. *Salmo 53:4*

- Volverse errante, vagabundo. Ser echado de su propia tierra, vivir como ilegales en tierra ajena.

Causa: Homicidio, confianza en la riqueza. *Génesis 4:12 y Salmo 109:10*

- Derrota en contra de los enemigos.

Causa: Idolatría, hechicería, rebeldía. *Deuteronomio 28:25*

Cuando una persona identifica que está en maldición, lo primero que tiene que hacer es identificar la causa. Esta puede encontrarse en ella misma o en su línea generacional, comúnmente es en ambas. A veces necesitamos que el espíritu Santo nos revele acontecimientos del pasado, como el caso que narré acerca de mi abuelo en el segmento:"La iniquidad y la ruina".

Después será necesario arrepentirse de la iniquidad y entonces desarraigarla del espíritu de la persona. Una vez hecho esto habrá que revocar y cancelar las maldiciones, rompiendo su poder sobre su vida.

Concluir, proclamando sobre su vida la victoria de Jesús en la cruz, donde El se hizo maldición para liberarnos.

"Cristo nos redimió de la maldición de la ley, hecho por nosotros maldición (porque está escrito: maldito todo aquel que es colgado en un madero), para que en Cristo Jesús, la bendición de Abraham alcanzase a los gentiles, a fin de que por la fe recibiésemos la promesa del Espíritu"

Gálatas 3:13 y 14

5

El Poder De Atracción De
Las Fuerzas Espirituales

Tanto la justicia como la in iniquidad son fuerzas espirituales que tienen en sí mismas un gran poder de atracción . La una está intrínsicamente ligada al trono de Dios y la otra al trono del Diablo.

La justicia es el atributo del Señor que alinea todas las cosas con el reino de Dios. La iniquidad es la fuerza opuesta que tuerce todo, alejándolo de los diseños de Dios.

Jesús queriéndonos enseñar una verdad poderosa nos dice en su palabra:

"Por tanto os digo: No os afanéis por vuestra vida, qué habéis de comer o qué habéis de beber, ni por vuestro cuerpo, qué habéis de vestir. ¿No es la vida más que el alimento, y el cuerpo más que el vestido?" "No os afanéis, pues diciendo qué comeremos, o qué beberemos, o qué vestiremos? Porque los gentiles buscan todas estas cosas; pero vuestro Padre celestial sabe que tenéis necesidad de todas estas cosas. Más buscad primeramente el Reino de Dios y su Justicia y todas estas cosas os serán añadidas."

Mateo 6:25 y 31-33

Aquí vemos cómo al acercarnos al Reino de Dios y a Su Justicia esto produce un poder de atracción que gravita hacia nosotros todas las cosas.

La Justicia de Dios contiene en sí misma una fuerza poderosísima que continuamente está actuando sobre la iniquidad, chocando contra ella, para enderezar las cosas hacia Dios. Por otro lado esta fuerza atrae también hacia ella todo lo que es Reino de los cielos. Atrae toda bendición de lo alto, jala hacia sí todas las riquezas espirituales y materiales. Esto se debe a que la Justicia está íntimamente ligada con la gloria de Dios, caminan de la mano, y se manifiestan en forma simultánea.

"Los cielos anunciaron su Justicia y todos los pueblos vieron su gloria"

Salmo 97:6

Isaías habla de este poder atrayente y como se manifiesta en el creyente, cuando la justicia de Dios se ha establecido en una persona y esta se vuelve un vaso de su gloria.

"Levántate y resplandece porque ha venido tu luz, y la gloria de Jehová ha nacido sobre de ti. Porque he aquí que tinieblas cubrirán la tierra y oscuridad las naciones, más sobre de ti amanecerá Jehová y sobre de ti será vista su gloria. Y andarán las naciones a tu luz, y los reyes al resplandor de tu nacimiento Alza tus ojos y mira todos estos **se han juntado, han venido a ti;** tus hijos vendrán de lejos y tus hijas serán traídas en brazos. Entonces verás y te maravillarás y ensanchará tu corazón, porque se haya vuelto a ti la multitud del mar y **las riquezas de las naciones hayan venido a ti.**"

Isaías 60:1-5

Note como todas las bendiciones son gravitadas en forma asombrosa donde ha nacido y es vista la gloria de Dios. Ahora bien esta gloria solo se puede manifestar cuando la Justicia ha obrado su poder transformador en un hijo de Dios. Esto va mucho más allá que ser justos, por gracia. La justicia que es por la fe, es nuestro pasaporte de entrada al cielo; Pero en esta tierra para que la gloria ejerza su poder de atracción de todas las bendiciones y atributos del Reino de los cielos necesita la Justicia haber erradicado toda forma de iniquidad en nuestro ser.

La gloria de Dios que es la que nos sumerge en todo lo que Dios es, no es un resplandor hermosísimo que nos hace sentir bien. A diferencia de la unción, que tiene esta habilidad de llenarnos de gozo y de amor, la Gloria es el fuego consumidor de Dios. La gloria quema y destruye todo lo que nos aparta de Dios.

Muchos quieren entrar a las dimensiones de su gloria sin nunca haber desarraigado, ni identificado el terrible peso de la iniquidad en ellos. Hacer las cosas de esa manera va a traer un sufrimiento extremo y muchas veces prolongado, porque no saben lo que les está ocurriendo.

Ahora, entrar a ese fuego es un paso necesario en los caminos de Dios ya que sin la Gloria y la Justicia de Dios jamás poseeremos mientras estemos en la tierra la herencia de bendiciones, poder y todo tipo de añadiduras maravillosas que se encuentran en Su reino.

La forma de hacerlo es tratando primero con la iniquidad, la cual es una parte fundamental de la victoria de la cruz.

Justicia y Gloria, dos grandes virtudes del Todopoderoso, son la parte fundamental de Su Reino. Y van a operar no solo puliéndonos sino también trayendo juicio sobre nuestros enemigos.

"Jehová reina, regocíjese toda la tierra. Alégrense las muchas costas. Nubes y oscuridad alrededor de él; Justicia y juicio son el cimiento de su trono. Fuego irá delante de él, y abrazará a sus enemigos alrededor."

Salmo 97:1-3

Es importante entender para el tema que estamos tratando, que así como el amor de Dios no puede dejar de amar, también la Justicia de Dios no puede dejar de Juzgar. En términos divinos los juicios de Dios son enviados precisamente para establecer Su Justicia. Cuando el Señor juzga, lo que está haciendo es alinear las cosas con su perfecta voluntad y esencia. Hay por tanto juicios que son correctores, otros simplemente reveladores y en casos muy extremos destructores.

¿Que es lo que la Justicia juzga? Precisamente la iniquidad. Ya que es esta donde se establece todo lo que está torcido de los caminos de Dios. Donde quiera que se halle la iniquidad, vamos a encontrar una continua presencia de los juicios de Dios.

Ahora bien de la misma manera que la justicia y la gloria tienen un poder de atracción de todo lo perteneciente al Reino de Dios, la iniquidad tiene también ese mismo poder pero en sentido opuesto. Esta va a jalar como un magneto gigante, todo lo que tiene que ver con el imperio de la muerte y de las tinieblas.

La iniquidad es la base legal en donde el diablo envía toda forma de mal sobre el ser humano y más aún el creyente. Así que mire si no es importante este tema, ya que por un lado es el blanco de bombardeo del diablo y por el otro el blanco de los juicios de Dios.

Dios establece su justicia con misericordia para aquellos que le buscan.

Hablar de los juicios de Dios, es un tema que asusta a la gran mayoría de la gente. Se piensa erróneamente que cada vez que Dios actúa de esta manera, algo terrible nos va a suceder.

En mi libro "Sentados en lugares celestiales" toco este tema, pero con el fin de dar luz a aquellos que aún no lo han leído, me permito hablar de él en esta ocasión.

Lo primero que tenemos que entender es que Dios nos ama profundamente, y que su pensamiento es de continuo el bien para sus hijos. Por esta razón anhela que Su gloria y Su justicia sean establecidas en nuestras vidas. De esta manera todas sus bendiciones vendrán sobre nosotros y viviremos en abundancia, en paz y en gozo, disfrutando de nuestro amado Padre celestial.

Dios actúa a través de juicios de misericordia, sobre aquellos que buscan Su justicia, Su rectitud, y caminan en el temor de Dios.

"Yo amo a los que me aman, y me hallan los que temprano me buscan. Las riquezas y la honra están conmigo; Riquezas duraderas y justicia. Mejor es mi fruto que el oro, y que el oro refinado; y mi rédito mejor que la plata escogida. **Por vereda de justicia te guiaré, por sendas de juicio,** para hacer que los que me aman tengan su heredad, y que yo llene sus tesoros."

Proverbios 8:17-21

Luego, es parte de una gran bendición que Dios obre en mi vida enderezando todo lo torcido, lo equivocado y lo mal estructurado de mi persona.

Para que esto suceda el Señor va a operar a través de juicios de misericordia. Estos son todas aquellas circunstancias, palabras que El habla a nuestras vidas, sueños y momentos de lucidez divina que nos permiten ver nuestros errores y enderezar nuestros caminos.

La obra poderosa de Dios en nuestras vidas va a ocasionar que seamos establecidos como "Justos" sobre la tierra con todos los privilegios que eso implica.

Existe una diferencia entre ser declarado "Justo" por la gracia y sacrificio de Cristo, cuando nos convertimos a El, y ser establecidos en justicia.

Las bendiciones, la honra y las riquezas, no vienen como raudal del cielo tras ser bautizados, sino en la medida que somos arraigados y cimentados en Justicia.

El Rey David entendió claramente este fundamento y sabía que sus victorias dependían de que la Justicia de Dios se estableciese sobre él.

"Levántate, oh Jehová en tu ira; Alzate en contra de la furia de mis angustiadores, y DESPIERTA A FAVOR MÍO EL JUICIO QUE MANDASTE.

...Juzgará Jehová a los pueblos; Júzgame, oh Jehová, conforme a mi justicia, y conforme a mi integridad. Fenezca ahora la maldad de los inicuos, mas ESTABLECE TÚ AL JUSTO"

Salmo 7:6, 8 y 9

El también entendía que los juicios de Dios eran dulces y maravillosos, porque lo acercaban más a Su amado Señor.

Cuando se ama a Dios con todo el corazón y con todas las fuerzas, todo lo que estorbe nuestra comunión con Él, nos parece terrible y anhelamos que sea quitado lo antes posible.

Hay cosas de las que somos concientes y otras que están tan arraigadas y escondidas en nuestro ser interior que necesitamos que nos sean reveladas.

"Los mandamientos de Jehová son rectos, que alegran el corazón; el precepto de Jehová es puro, que alumbra los ojos. El temor de Jehová es limpio que permanece para siempre; Los juicios de Jehová son verdad, todos justos. DESEABLES SON MÁS QUE EL ORO, y más que mucho oro refinado; Y dulces más que la miel, y que la que destila del panal."

Salmo 19:8-10

Dios le habla de esto al Profeta Malaquías. De cómo Jesús anhela sentarse a afinarnos con todo su amor. El Señor quiere hacer una obra perfecta en todos nosotros y para eso es necesario lavarnos y pulirnos.

"¿Y quién podrá soportar el tiempo de su venida? ¿o quién podrá estar de pié cuando él se manifieste? Por que El es como fuego purificador y como jabón de lavadores. Y se sentará para afinar y limpiar la plata; porque limpiará a los hijos de Leví, los afinará como a oro y como a plata, y traerán a Jehová ofrenda en justicia"

Malaquías 3:2-3

La tribu de Leví representa el sacerdocio de Su casa. Los sacerdotes santos que hemos sido constituidos por Jesús todos nosotros.

El mero hecho de que él se sienta a afinar, me habla de una obra cuidadosa, llena de dedicación y amor. Dios quiere purificarnos de esta manera, pero no todos tienen el amor y la mansedumbre necesarios para dejarse tratar así.

A otros, Dios tiene que disciplinar, como un Padre que corrige a sus hijos Y desgraciadamente a otros tendrá que aplicar castigo para enderezar sus caminos y salvarlos de la muerte.

Es imposible tener la bendición y participar de Su gloria sin que el Señor trate nuestra iniquidad.

Conclusiónes

¿Cómo Tratamos Con La Iniquidad?

Como hemos visto a lo largo del libro, la iniquidad, no es un simple pecado por el que se pueda pedir perdón y se acabó el problema. La iniquidad es todo un cuerpo de pecado y maldad arraigado en nuestro espíritu. Esta ha corrompido toda la estructura de nuestro comportamiento y de nuestros pensamientos; y además se ha metido en los huesos y en las entrañas.

Desarraigarla va a tomar tiempo y dedicación; pero será la mejor inversión de nuestra vida.

Los frutos de la justicia que por tanto tiempo ha estado esperando junto con las promesas y las bendiciones de Dios se manifestarán sobre usted. Un nuevo episodio le espera lleno de grandes alegrías y victorias en Cristo Jesús.

Lo primero que vamos ha hacer, es pedirle al Espíritu Santo que nos ayude en este maravilloso proceso de liberación, que nos envíe un verdadero Espíritu de arrepentimiento y de valor para cambiar.

Haga conmigo esta oración o la que usted crea que pueda hacer en forma genuina:

"Espíritu Santo, hoy vengo a ti, humillando mi corazón, suplicando de ti que un verdadero Espíritu de arrepentimiento venga sobre mí. Abre mis ojos espirituales, para que pueda ver mi propia iniquidad. Dame tus dones de revelación, sueños y palabra de ciencia, para saber que hicieron mis antecesores que está afectando mi vida y trayendo maldiciones y obstáculos que me impiden vivir en la abundancia y en la bendición de Tu Reino."

Tome ahora un cuaderno, que será donde anotará todo lo que el Señor le recuerde o le muestre.

Ahora vamos a revisar una lista, de todo lo que la Biblia menciona como iniquidad y vamos a orar uno por uno sobre todos estos pecados. Tome un momento al ir recorriendo la lista, esperando que el Espíritu traiga convicción, memorias o revelación, después confiese su iniquidad y la iniquidad de sus antecesores. Lo más seguro es que usted haya cometido los mismos pecados que ellos cometieron ya que esto esta gravado en su propia herencia espiritual.

Empecemos por Isaías 59 el capítulo de la iniquidad por excelencia:

- **Manos contaminadas de sangre:** Homicidios, sacrificios de sangre (animal o humana), amor o participación en corridas de toros ofrecidas a Vírgenes o ídolos, abortos, guerras, genocidio por las conquistas de naciones.

- **Labios que pronuncian mentira:** Religiosidad, prácticas religiosas paganas, hipocresía, todo tipo de fraude o engaño.

- **Maldad de la lengua:** calumnia, chisme, maledicencia, lengua satírica, lengua venenosa. Levantar falso testimonio. Murmuración.

- **Falta de clamor por la justicia:** indolencia ante el mal ajeno, indolencia ante el pecado de la ciudades, indolencia ante el pecado de la iglesia.

- **Podemos hacer el bien y no lo hacemos.**

- **El no juzgar con la verdad:** Hacer juicios arrebatados, favorecer a los que amamos o a los que nos conviene. Favoritismo de ricos sobre pobres. Racismo.

- **Confiar en vanidad y hablar vanidad.** Confiar en las riquezas, en el sistema de este mundo. Poner nuestra confianza en el hombre, en la medicina, en el salario, en los seguros de este mundo y hablar de ello.

- **Pensamientos de iniquidad.** Venganza, tramar hacer lo malo, boicot a la obra de Dios. Todo pensamiento en el que se maquine hacerle mal a alguien. Resentimiento y amargura.

- **Caminar sin justicia, por veredas torcidas:** Confiar en nuestra justicia antes que la de Dios. Tomar el Señorío de nuestras vidas. Poner nuestras decisiones por encima de las de Dios. Todo camino que no conduce a la justicia, a la voluntad y a la paz de

Dios, es torcido. No cumplir con un compromiso, un voto o una promesa, y que esto cause daño a otros.

- **Rebelión ante Dios y sus estatutos.**

- **Apartarse de en pos de Dios.** Seguir y confiar en dioses ajenos, idolatría, ocultismo, hechicería, adivinación, nueva era, satanismo, espiritismo, sectarismo.

Lista que se encuentra en los Diez Mandamientos. Exodo 20:1-17
(Excluyo los ya mencionados)

- **Tomar el nombre Dios en vano.** Jurar por su nombre, usarlo sin respeto como exclamaciones del lenguaje. Contar chistes usando Su nombre. Blasfemar.

- **No reposar.** Si bien el cristiano no judío, no está obligado a guardar el Sábado. Reposar en Dios es un requisito, en cuanto a vivir confiados en él; pero también el no reposar nuestros cuerpos trasgrede una ley natural de vida. El estrés y la ansiedad son iniquidad.

- **No honrar a Padre y Madre.** Falta de respeto a la autoridad. Hablar mal de ellos. No tratarlos con dignidad y amor.

- **Cometer adulterio.** Fornicación, pornografía, perversión sexual, uso inapropiado y contra naturaleza del cuerpo del cónyuge y todo tipo de aberración sexual. Inmundicia, lascivia, orgías. Impureza, pasiones desordenadas. Incesto.

- **Hurtar.** Defraudar, cambiar los límites de una propiedad con intención de robo. Adulterar la medida, pagar salarios injustos, evasión de impuestos.

- **Codiciar.** La mujer del prójimo, sus siervos o sus bienes.

Lista que se encuentra en Gálatas 5
(Excluyo los ya mencionados)

- **Contiendas.** Violencia verbal o física, enemistades, pleitos, celos, iras, disensiones. Enojos, sembrar discordia, divisiones.

- **Herejías.** Cambiar el contexto de la Palabra. Torcer la Escritura para controlar o dominar a la gente, para infringir sobre ellos intimidación. Usar la Palabra para obtener ganancias deshonestas. Acomodarla para justificar el pecado y la falta de integridad.

- **Borrachera.** Adicción a cualquier droga, tabaquismo.

- **Envidia.** Malos deseos.

Lista en Colosenses 3
(Excluyo los ya mencionados)

- **Avaricia.** Confianza en la riqueza. Indolencia ante la necesidad de los pobres o de la obra de Dios. Idolatría a los bienes de este mundo. (Posesiones que nos puedan ser "intocables")

- **Amor a lo terrenal.**

- **Desobediencia.** A Dios, a su Palabra, a la autoridad. Falta de sujeción. Espíritu rebelde e independiente.

Lista en 2ª de Timoteo 3

- **Amor a sí mismo.** Amor al "Yo", vanagloria, soberbia, altivez,

- **Despotismo.** Jactancia, considerarse superior a los demás. Infatuamiento.

- **Ingratitud.** Sentirnos dueños de lo que poseemos sin saber que todo le pertenece a Dios. No vivir agradecidos y en acorde a lo que Jesús hizo por nosotros.

- **Falta de afecto natural.** Egoísmo

- **Ser implacables.** Sin contentamiento, jamás saciados con el bien que Dios nos da.

- **Intemperancia.**

- **Inmisericordia.**

- **Crueldad.** Sadismo, masoquismo. Crueldad mental y verbal.

- **Traición.** Deslealtad.

- **Amar los deleites más que a Dios.**

- **Corrupción.** Cohecho.

Otros pecados

- **Comer sangre o ahogado.** Comer embutidos hechos de sangre o comer animales no desangrados.

- **Tentar a Dios.** Criticar a Dios, acusarlo.

- **Comer lo sacrificado a los ídolos.** Participar de fiestas paganas en las que se comen alimentos dedicados a los dioses, tales como las fiestas a los muertos, Halloween. O santos o Vírgenes.

- **Profanar lo sagrado.** Profanar nuestros cuerpos. Tatuajes, perforaciones en el cuerpo.

- **Prostitución.** Venderse por dinero, vender principios por riqueza.

- **Divorcios.** (No justificados por causa de fornicación.)

- **Homosexualismo.** Bi sexualismo.

- **Depravación sexual.** Bestialismo (sexo con animales), pedofilia (sexo con niños). Necrofilia.(sexo con muertos).

- **Incredulidad.** Corazones desconfiados. Doble ánimo. Pesimismo. Estar siempre buscando la falla.

- **Miedo.** Falta de fe.

- **Olvidarse de los pobres y las viudas.**

- **Falta de temor de Dios.**

- **Usura.** Dar dinero a usura, o aprovecharse del que pide prestado.

He tratado de hacer esta lista lo más extensiva posible para procurar una liberación mayor. Para mí no hay nada más maravilloso que salir de un enigma y encontrar lo que puede ser un estorbo en mi caminar con Dios y así poder quitarlo.

Como ha sido mi consejo en capítulos anteriores, a veces será necesario hacer listas detalladas y exhaustivas. Si esto bien, no es un requisito para nuestra salvación, si lo es para nuestra total libertad y nuestra total bendición.

Una vez habiendo pedido perdón en forma específica, por todo en lo que nos hayamos identificado, entonces hay que ordenar que sea desarraigada toda la iniquidad de nuestro espíritu y de nuestra alma.

Luego hay que ordenar que la sustancia física que produjo la iniquidad y que se ha alojado en los huesos y órganos, busque su salida.

Como estos son líquidos literales, al salir de cuerpo, se manifestarán a través de diarreas, vómitos, abundancia de orina, flemas y mucosidad a manera de resfriado. Todo esto es perfectamente natural y debe salir en esta forma.

Conviene al ordenar la salida de estas sustancias tocarse uno mismo todas las coyunturas y poner nuestras manos sobre nuestras diferentes partes del cuerpo. Si hay alguien lleno del Espíritu Santo que le pueda ayudar, dígale que ponga sus manos en cada unión de vértebras en su espalda mientras ordena la salida de la iniquidad.

Esta oración puede ser algo semejante a esto:

"Señor te pido perdón por mi iniquidad y la iniquidad de todos mis antecesores. Hemos pecado en contra de ti, pero hoy yo me arrepiento por toda mi línea generacional porque hemos cometido ...Tal y tal pecado. Te pido que nos perdones y me limpies. Purga de mi espíritu, de mi alma, y de mi cuerpo toda esta iniquidad. Ahora ordeno que toda iniquidad asilada en mis huesos y en mis entrañas busque su salida ahora mismo. ¡Iniquidad, sal de mis huesos y de mis entrañas en el nombre de Jesús!" Haga esto hasta que se manifieste que ha salido. A veces tarda unas horas o un día entero en lo que sale todo.

Es posible que experimente un poco de fatiga. Es totalmente normal, rápidamente se recuperará.

Una vez hecho esto, proceda a cancelar las maldiciones que se hayan adherido a la iniquidad en su vida.

Ahora ha quedado listo para que la Justicia de Dios se establezca sobre su vida y con ella todas las bendiciones de Dios.

Oración Final

"Padre yo te pido que conforme a tu misericordia, tu justicia y tu verdad establezcas sobre mi hermano(a) tu Justicia divina. Que a partir de hoy el (ella) quede establecido como Justo, primeramente por tu sacrificio vicario y segundo por cuanto se ha apartado de iniquidad para seguir tu Reino. Yo declaro sobre el (ella) que todas tus bendiciones y tu bien vendrán a el (ella) y le alcanzarán y que tu misericordia reposará sobre sus generaciones."

"Y temerán desde el occidente el nombre de Jehová, y desde el nacimiento del sol Su gloria; porque vendrá el enemigo como río, mas el Espíritu de Jehová levantará bandera contra él.

Y vendrá el Redentor a Sion, y a los que se volvieren de la iniquidad en Jacob, dice Jehová:

"Y este será mi pacto con ellos, dijo Jehová: El Espíritu mío que está sobre ti, y mis palabras que puse en tu boca, no faltarán de tu boca, ni de la boca de tus hijos, ni de la

boca de los hijos de tus hijos, dijo Jehová desde ahora y para
siempre"

Fin

120 ～ La Iniquidad